सुदर्शन फ़ाकिर

(19 दिसंबर 1934—18 फरवरी 2008)

मैं न हिन्दू हूँ न मुसलमान हूँ, सिर्फ़ इन्सान हूँ

"पंजाब के फ़िरोज़पुर शहर में एक गाँव रेतवाला में पैदा हुआ था मैं। ऐसा मुझे बताया गया था। तारीख़ याद नहीं। बस, इतना जान लीजिए कि ये वाकये पाकिस्तान बनने से पहले के हैं। गाँव के आस-पास का इलाका रेतीला था, पर खूब हरियाली भी थी। हरे-भरे बाग ढेरों की तादाद में थे। मेरे पिता इलाके के मशहूर डॉक्टर थे। लेकिन मैं समझता था वो उस इलाके के बादशाह हैं और मैं हूँ शहज़ादा। मेरी हर ख़्वाहिश तुरन्त पूरी की जाती थी। मैं जिसके खेत में चाहता, घुस जाता, जो चाहता करता। जिस तरफ़ इशारा करता वो चीज़ मिल जाती।

बचपन में मेरी परवरिश इसी तरह के माहौल में हुई। मेरे पिता किसी मज़हब को नहीं मानते थे। मुझे गाँव के मुसलमानों

ने एक बार मेरे पिता से मांग लिया था। उन्होंने दे भी दिया। मेरा नाम रखा था उन्होंने मुहम्मद सुदर्शन। वे मुझे मस्जिद ले जाते और कलमा पढ़वाते, *कुरान* पढ़वाते। मेरी दादी मुझे मन्दिर ले जातीं और *रामायण* और *गीता* का पाठ सुनातीं। तब मेरी नन्हीं सोच हैरत में रहती। मैं सोचता जो लोग मस्जिद में नज़र आते हैं, वे मन्दिर में क्यों नज़र नहीं आते और जो मन्दिर में होते हैं वो मस्जिद में क्यों नहीं ? उस वक्त मुझे पता नहीं था कि *कुरान* क्या है, *गीता* क्या है ? लेकिन इस माहौल ने जो संस्कार मुझे दिए, वो बाद के दिनों में शे'र में यों ढाले—

'जब हकीकत है कि हर ज़र्रे में तू रहता है
फिर कलीसा, कहीं मस्जिद, कहीं मन्दिर क्यों है ?'

इसीलिए मैं अपने को न हिन्दू मानता हूँ, न मुसलमान। अपने आपको सिर्फ़ इनसान कहूँ तो बुरा मत मानिएगा।

बाद में रेतवाला गाँव छूट गया और हम फ़िरोज़पुर चले आए। यहाँ आते ही इस तल्ख़ सच्चाई से मेरा सामना हुआ कि मैं कोई शहज़ादा नहीं हूँ। सिर्फ़ एक इलाके के मशहूर डॉक्टर का बेटा हूँ। आज जब मैं उन दिनों के बारे में सोचता हूँ, तो लगता है कि इस सच्चाई ने मेरे अंदर एक हीनता की भावना को जन्म दिया था—एक तरह की एहसासे कमतरी जागी थी और इसलिए बड़ा होकर अपने आपको साबित करने के लिए बेचैन होने लगा। सोचने लगा कि रेडियो से आवाज़ आए, जिसे सब सुनें। अखबारों में नाम छपे, जिससे कि लोग जानें। एहसासे कमतरी को एहसासे बढ़तरी में बदलने की ही कोशिशें थीं ये।''

कागज़ की कश्ती

सुदर्शन फ़ाकिर

राजपाल

ISBN : 9789389373097

प्रथम संस्करण : 2019 © श्रीमती सुदेश फ़ाकिर

KAGAZ KI KASHTI (Poetry) by Sudarshan Faakir

राजपाल एण्ड सन्ज़

1590, मदरसा रोड, कश्मीरी गेट, दिल्ली-110006

फोन : 011-23869812, 23865483, 23867791

website : www.rajpalpublishing.com

e-mail : sales@rajpalpublishing.com

www.facebook.com/rajpalandsons

क्रम

मेरा सहयात्री सुदर्शन फ़ाकिर
—सुदेश फ़ाकिर, सुदर्शन फ़ाकिर की पत्नी

फ़ाकिर साहब का पूरा नाम सुदर्शन फ़ाकिर था। इनके पिता का नाम श्री बिहारी लाल था। इनका जन्म फ़िरोज़पुर के पास एक गाँव में 19 दिसम्बर 1934 को हुआ। छह वर्ष की आयु तक गाँव में रहे फिर इनके पिता फ़िरोज़पुर आ गये। बारहवीं तक की पढ़ाई फ़िरोज़पुर में की। पिता डॉक्टर थे इसलिए वे चाहते थे कि उनका होनहार बेटा सुदर्शन डॉक्टर बने, परन्तु इनका मन तो कविता लिखने में लगता था।

इसके बाद इन्होंने फ़िरोज़पुर छोड़ दिया। जालंधर के डी.ए.वी. कॉलेज में एम.ए. तक पढ़ाई की। एक वर्ष के लिए कुरुक्षेत्र गये। जब प्रसिद्ध गायक जगजीत सिंह जी भी कुरुक्षेत्र में थे तभी इन्होंने 'हम सब भारतीय हैं' गीत लिखा था जिसे जगजीत सिंह ने गाया था।

पढ़ाई पूरी करके जालंधर में ही ऑल इंडिया रेडियो में काम करने लगे। और खूब लोकप्रिय हुए। एक बार बेगम अख़्तर ऑल इंडिया रेडियो आई। जहाँ खुले प्रांगण में गीत-संगीत का प्रोग्राम था वहीं पहली बार बेगम अख़्तर से सुदर्शन फ़ाकिर मिले और उन्हें अपनी एक ग़ज़ल दी। वह ग़ज़ल थी, 'कुछ तो दुनिया की इनायत ने दिल तोड़ दिया' बेगम अख़्तर उस ग़ज़ल से बहुत प्रभावित हुई और पंद्रह मिनट तक उसी को गाती रहीं। बाद में उन्होंने मुंबई जाकर इस ग़ज़ल को एच.एम.वी. से रिकॉर्ड किया।

फ़ाकिर 1971 में मुंबई गये। पहले कुछ दिन वहाँ एक मित्र के पास रहे। बाद में एक गेस्ट हाउस में रहने लगे।

बेगम अख़्तर ने उनकी लिखी कई ग़ज़लें गायीं—'ज़िन्दगी कुछ भी नहीं फिर भी जिये जाते हैं', 'इश्क़ में गैरते जज़्बात ने रोने न दिया', 'अपनों

के सितम हम से बताये नहीं जाते'। बेगम अख़्तर के बाद गायक शैलेन्द्र की आवाज़ में फ़ाकिर साहब की आठ नज़्मों की एक कैसेट आई। फ़ाकिर साहब की ग़ज़लों को गाने वालों में सुधा मल्होत्रा, मुबारक बेगम, प्रीति सागर, शोभा, आशा भोसले, कविता कृष्णामूर्ति, साधना सरगम, अनुराधा पौडवाल, मुहम्मद रफ़ी, मन्ना डे, पंकज उधास, निर्मल उधास, गुरदास मान, विनोद राठौड़, विनोद सहगल, उदित नारायण, कुमार सानू, सुरेश वाडकर, भूपेन्द्र सिंह, दिलराज कौर, हरिहरन, एस. महादेवन, अभिजीत, सपना, चन्नी सिंह, चित्रा सिंह, जगजीत सिंह आदि हैं।

फ़िल्म 'दूरियाँ' का गीत 'मेरे घर आना ज़िन्दगी...' फ़ाकिर साहब ने लिखा और भूपेन्द्र सिंह ने गाया, बहुत लोकप्रिय हुआ जिसे 1980 में 'फ़िल्म वर्ल्ड अवार्ड' से सम्मानित किया गया। 'हे राम' धुन तो घर-घर पहुँच गयी है। ग़ज़ल गायक जगजीत सिंह जो फ़ाकिर जी के घनिष्ठ मित्र थे और मुम्बई ही में थे, उनसे सुदर्शन फ़ाकिर का मिलना होता रहता था। जगजीत सिंह ने 'द लेटेस्ट' एल्बम निकाली जिसके सभी गाने फ़ाकिर साहब के थे। उसके बाद जगजीत सिंह की कई कैसेट एल्बम निकलीं, जिनमें फ़ाकिर साहब की ग़ज़लें भी शामिल होती थीं।

जगजीत सिंह ने देश-विदेश में कई बार कॉन्सर्ट किये। वे जहाँ भी गये हर महफ़िल में अपने परम मित्र सुदर्शन फ़ाकिर की ग़ज़लों और गीतों को गाया। वे एक-दूसरे के पूरक थे और सदा रहेंगे।

फ़ाकिर साहब की पहली फ़िल्म 'दूरियाँ' थी, जिसे भीमसेन जी ने बनाया था। इसके बाद 'तुम लौट आओ', 'आखिर कब तक', 'रावण', 'खुदाई' फ़िल्मों के लिए गीत लिखे। फ़िरोज़ खान की फ़िल्म 'यल्गार' और 'प्रेम अग्न' के गीतों के साथ संवाद भी फ़ाकिर जी ने लिखे।

फ़ाकिर साहब के परिवार में दो भाई और एक बहन थी। वे अपनी बहन के व्यक्तित्व से विशेष प्रभावित थे। ऑल इंडिया रेडियो में काम करते समय इन्होंने एकांकी, नाटक आदि भी लिखे, जिन्हें कॉलेज में खेला जाता था। डी.ए.वी. कॉलेज जालंधर के लिए फ़ाकिर साहब ने 'धरती के आँसू' एकांकी लिखा था, जिसमें मुख्य भूमिका एक लड़की ने निभाई। दोनों का

परिचय हुआ, मित्रता हुई और लम्बी जान-पहचान के बाद 1976 में उनकी शादी हुई। 1977 में इन दोनों के एक पुत्र हुआ, जिसका नाम 'मानव' है। फ़ाकिर साहब का परिवार जालंधर में ही है। फ़ाकिर साहब कहते थे—दाना-दुनका बम्बई में है और नीड़ जालंधर में।

वे सन् 2004 में अस्वस्थता के कारण सदा के लिए मुंबई से आ गये थे, लेकिन 2006 में एक बार सिर्फ़ दो महीने के लिए मुंबई गये। 2007 में गले का कैंसर हो जाने के कारण 18 फ़रवरी 2008 को हॉस्पिटल में ही शरीर त्याग दिया।

फ़ाकिर साहब एकान्तप्रिय थे। कोई उनकी प्रशंसा करे तो सुनते नहीं थे। संकुचित स्वभाव के थे। बहुत कम लोगों से खुलकर बात करते थे। उनमें बहुत आत्मसम्मान था। वे जानते थे कि दुनिया भर में उनके चाहने वाले हैं। विदेशों से उनके चाहने वाले उन्हें फ़ोन भी करते थे। उनके कलाम के बारे में पूछते थे। पर उन्होंने अपने जीवनकाल में कोई किताब नहीं छपवायी। 2006 में इस विषय में गम्भीरता से सोचा था, टाइप आदि का काम चल रहा था कि तभी असाध्य रोग ने घेर लिया। इसलिए वह काम अधूरा पड़ा रह गया था, जिसे उनका परिवार अब पूरा कर रहा है।

वक़्त को मैंने, मुझे वक्त ने बरबाद किया
—सुदर्शन फ़ाकिर से संजय मासूम का साक्षात्कार

आपने शायरी कब शुरू की?

मुझे पता नहीं, जिस तरह किसी आदमी के लिए अपने आपको समझाना मुश्किल होता है, उसी तरह मुझे भी अपने अंदर छुपे इस जौको-शौक की इब्तिदा का मालूम नहीं। लेकिन इतना याद है कि बीए में मैंने शे'र कहना शुरू कर दिया था। तब चोरी-छिपे शे'र कहता था। किताबों के बीच कागज़ छुपाकर शे'र कहता था।

आपकी शायरी का मकसद क्या है?

इस सवाल का जवाब भी मुझे मालूम नहीं। लेकिन फिर भी मुझे ऐसा लगता है कि या तो मैं अपने सामईन (श्रोता) के आँसू पोंछना चाहता हूँ या जो आँसू बहा रहे हैं, उनके गले मिलकर रोना चाहता हूँ, ताकि उनका बोझ हलका हो सके। कहाँ तक कामयाब हूँ—यह कह नहीं सकता।

कौन से आँसू? प्यार में असफल किसी प्रेमी के या ज़िन्दगी में हाशिये पर पड़े आदमी के?

आँसू फिर आँसू होते हैं। चाहे वो इश्क के हों या ज़िन्दगी और वक्त ने दिए हों। मेरे लिए इनमें कोई अंतर नहीं है। गम गम होता है, खुशी खुशी होती है।

जदीद (आधुनिक) और कदीम (पुरातन) को आप किस नज़रिये से देखते हैं?

ज़िन्दगी हो या शायरी इनकी बुनियाद कभी नहीं बदलती। ज़िन्दगी में रस्मों-रिवाज बदलते हैं, पोशाक बदली जाती है, लोग वाद खड़े कर लेते हैं, लेकिन ये ताने-बाने सिर्फ़ ज़िन्दगी के इर्द-गिर्द बुने जाते हैं। इसी तरह शायरी सिर्फ़ शायरी है। उसमें शब्दावली बदल नहीं सकती है, तुलनाएँ बदल सकती हैं,

लेकिन शायरी की जड़ें वहीं रहेंगी। अगर आज के ज़माने के शायर आदमी और बशर की बजाय शख़्स का इस्तेमाल करने लगें, 'खसो-खाशाक़' की जगह 'घास' का इस्तेमाल करने लगें तो उसका मतलब ये नहीं कि उस पर जदीद शायरी की छाप लग ही जाय। शायरी की रूह वही है जो पहले थी और वही रहेगी। इसलिए मैं ज़िन्दगी को करीब से देखकर जो सोचता हूँ वही लिखता हूँ। इसलिए कभी बीस मिनट में एक ग़ज़ल कह देता हूँ। कभी बीस साल लग जाते हैं। 'वक्त की लाश बरामद हुई मैखाने से...' यह मिसरा बीस साल पहले कहा था। दूसरा मिसरा 'किसी मकतल से न मरघट से न वीराने से...' बीस साल बाद हुआ। 'वक़्त' को मैंने मुझे 'वक्त ने बरबाद किया...' यह शे'र अब तक पूरा नहीं है।

फिर भी दोनों में कंटेंट के स्तर पर फ़र्क तो है?

देखिए, एक शे'र है। 'मोतियों की भी हो तो भीख न मांग, अपने दामन की कद्र कर बाबा।' अगर 'बाबा' लिखा तो जदीद और 'ऐ दोस्त' लिखा तो कदीम? मेरा एक शे'र हैं—'मैंने मंदिर में जो कटते हुए सर देखा था, सर ये सजदे में झुकाया तो वो सर याद आया।' यह जदीद है या कदीम? मेरे ख़याल से शे'र अच्छा होता है या बुरा। जदीद या कदीम नहीं। ज़बरदस्ती जो प्रतीक आते हैं, वो मुझे पसंद नहीं। मैं ऐसे अनेक शे'रों की मिसाल दे सकता हूँ, जिनमें बाकायदा कसरत की गई है, पर छोड़िए। लफ़्ज़ों में ताज़गी आ जाए अच्छा है, पर शे'रों को खानों में नहीं बांटा जा सकता।

'आदमी आदमी को क्या देगा, जो भी देगा वही खुदा देगा' क्या यह शे'र पलायन की वकालत नहीं करता?

नहीं। देखिए, दाना-दुनका उसने बिखेरा हुआ है। लेकिन पक्षी को अपने घोंसले से निकलना पड़ता है। घोंसले से जो निकालना है, वो खुदा है। इसलिए ये शे'र पलायन की वकालत नहीं करता। ये शे'र मैंने नहीं कहा था, आमद हुई थी। ये शे'र मुझसे किसी ने कहलवाया था।

आपने अपनी नज़्मों में ज़्यादातर अपने अतीत को दोहराया है!

एक मुहावरा है कि 'एवरी पास्ट इज़ प्लैज़ेंट'। इत्तेफाक से जब माझी की याद आती है तो उसको शे'रों में ढालने की हसरत शायर को मजबूर कर

देती है। अगर मुझे मेरा माझी हसीन लगता है, तो मेरे सुनने वालों को भी हसीन लगता होगा। हालाँकि मैंने दो ही नज़्मों—'वो कागज़ की कश्ती...' और 'एक प्यारा सा गाँव...' में अपने माझी का ज़िक्र किया है, इसलिए आप मुझ पर ये इल्ज़ाम नहीं लगा सकते, कि मैंने हमेशा अपने माझी का ज़िक्र किया है।

लोग अक्सर कहते हैं कि मुहब्बत में चोट खाने के बाद आदमी शायर हो जाता है। क्या आपके साथ भी ऐसा है?

सिर्फ़ मुहब्बत में चोट खाने के बाद ही इनसान शायर बनता है ये गलत है। कोई मुहब्बत में चोट खाता है, कोई ज़िन्दगी से चोट खाता है। कोई अपनों से चोट खाता है—ऐसे में कोई शायर बन जाता है, कोई कहानीकार बन जाता है। यों मैंने मुहब्बत की है और बेपनाह मुहब्बत की है—अपनी ज़िन्दगी से, अपनी शायरी से और शराब से!

आप ज़िन्दगी को किस नज़रिए से देखते हैं?

इसके जवाब में कुछ लाइनें सुनिए—'एक भिखारन से ये पूछा किसी रक्कासा ने, ज़िन्दगी 'हमने' जो पाई है वो आखिर क्या है?'

तब भिखारन ने कहा—जाओ कि बस करो, 'ज़िन्दगी क्या है', अरी तुमने ये क्या पूछा है? इसको नज़दीक से देखो तो भिखारन सी लगे, और अगर दूर से देखो तो ये रक्कासा है।

उर्दू शायरी में आप अपने आप को किस मुकाम पर पाते हैं?

जिन लोगों ने मुझे गाया है या मुझे सराहा है या जिन लोगों ने मुझे चाहा है, या नहीं चाहा है, ये वो लोग जाने। मैं किस मुकाम पर हूँ यह मुझे मालूम नहीं। मैं तो खुद अपनी आँखों पर पड़ी हुई एक किताब की तरह हूँ। लेकिन हर किताब को पढ़ने के लिए एक फ़ासला चाहिए, और मुझे यह फ़ासला नहीं मिल पाया है। काश, मिल पाए।

आपकी अब तक कोई किताब नहीं आई है। क्या छपे हुए शब्दों में यकीन नहीं करते?

एक ज़माना था, जब शायर को अवाम तक पहुँचने के लिए मुशायरों का सहारा लेना पड़ता था। या अहले दीवान बनना पड़ता था। ये अहले-दीवान

होना बहुत ज़रूरी भी है। मेरे पास इतना मसौदा है कि भर्ती के शे'रों या ग़ज़लों के बगैर भी एक दीवान साया हो सकता है। लेकिन वक्त और हालात ने इतनी मोहलत नहीं दी—'हाय, मसरूफ़ियात दुनिया की, मौत आती है टाल देता हूँ।' फिर भी मेरी शायरी से प्यार करने वाले और नफ़रत करने वाले ये उम्मीद रखें कि दीवान तो मंज़रे-आम पर आएगा ही।

मुशायरों में भी आप शिरकत नहीं करते?

हाँ। एमए पास करने के बाद की बात है। इंडो-पाक मुशायरा तब हुआ था। उसमें मैंने गलती से वो शे'र पढ़ दिया जो मैं पढ़ना नहीं चाहता था और उसी शे'र पर मुझे सबसे ज़्यादा दाद मिली। उस दिन से तय कर लिया कि अब मुशायरे नहीं पढ़ूँगा। दाद हासिल करने की तलब सबको होती है, लेकिन मैं उस दाद का मोहताज होकर वैसे शे'र लिखना नहीं चाहता था।

बेगम अख़्तर के बाद ग़ज़ल-गायकी में गिरावट आई है, ऐसा मानते हैं?

तब की गायकी अलग थी। अपने ज़माने में बेगम साहिबा लासानी थीं। बेगम के इंतकाल के बाद लगता था ग़ज़ल ख्तम हो जाएगी, लेकिन जगजीत सिंह ने उसे नया मोड़ दिया।

आज के ग़ज़ल-गायकों में आप किसे पसंद करते हैं?

सारे कलाकार महान हैं। किसी से किसी की तुलना करना मेरी फ़ितरत के खिलाफ़ है। कोई अदायगी में, तो कोई मकबूलियत में, कोई ग़ज़लों के इंतिखाब में, तो कोई तलफ़्फ़ुज़ में—सबका अपना मुकाम है।

अपने समकालीन और नई पीढ़ी का कौन-सा शायर आपको प्रभावित करता है?

देखिए, बड़े-से-बड़ा कोई भी शायर ऐसा नहीं है जिसने आमियाना शे'र न लिखे हों और कोई ऐसा मामूली शायर नहीं है, जिसने बढ़िया शे'र न कहे हों।

फिर भी, एक-दो नाम...

इस जवाब के बाद यह प्रश्न ही पैदा नहीं होता। मेरे सामने जब कोई ग़ज़ल आती है, तो मैं पहले ग़ज़ल और फिर शायर का नाम पढ़ता हूँ, अगर अच्छी लगी तो! अपनी-अपनी जगह पर हर शायर अज़ीम है।

आपके शे'रों को जब लोग अनजाने में गालिब या मीर का शे'र कहते हैं। तो कैसा लगता है आपको?

मेरे अहं को तो ठेस पहुँचती है, लेकिन जिन लोगों को शायरी में बहुत ऊँचा स्थान हासिल है उनके साथ अपने नाम का जुड़ना मुझे भला लगता है।

अपनी अब तक की उपलब्धियों से संतुष्ट हैं?

ज़िन्दगी तुझको जिया है कोई अफ़सोस नहीं, ज़हर खुद मैंने पिया है कोई अफ़सोस नहीं।

(जनसत्ता, सबरंग, 13 दिसंबर 1993, से साभार)

कुछ यादगार लम्हे

1952, जब सुदर्शन फ़ाकिर डीएवी कॉलेज, जालंधर में छात्र थे

ऑल इंडिया रेडियो, जालंधर, 1968

1971 में फ़िरोज़पुर के अपने घर की छत पर

1979 में निर्देशक/निर्माता भीमसेन के साथ

जगजीत सिंह और चित्रा सिंह के साथ एक निजी महफ़िल में, 1983

जगजीत सिंह और भूपेन्द्र सिंह के साथ, 1983

अपने घर के स्टडी रूम में, 1984

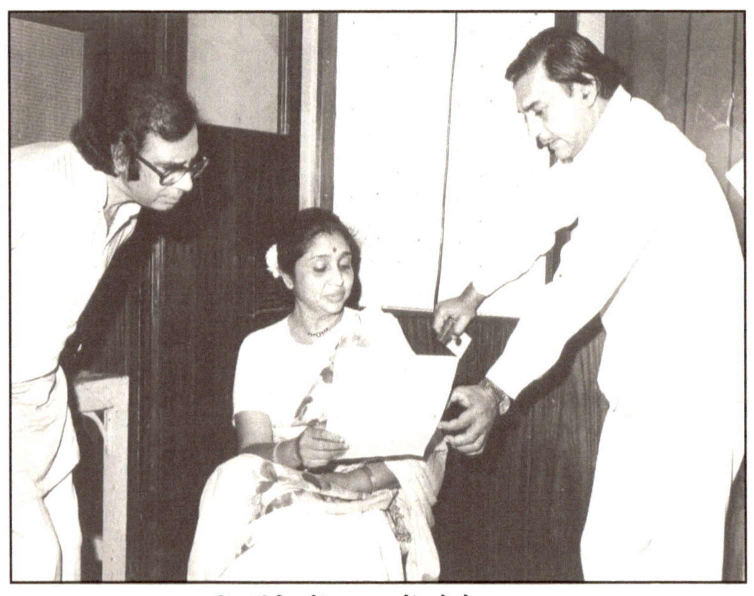

एक रिकॉर्डिंग में आशा भोंसले के साथ, 1985

1985 में एक स्टूडियो में

लक्ष्मीकांत-प्यारेलाल और गुरदास मान के साथ, 1986

एक अवार्ड सेरेमनी मे, 1986

1988 में कतर में हिन्द-पाक मुशायरा

एक लाइव कॉन्सर्ट मे जगजीत सिंह के साथ, 2006

चित्रा सिंह के साथ

पत्नी सुदेश .फ़ाकिर के साथ, 1977

बेटे और पत्नी के साथ

ग़ज़लें

1

अहल-ए-उल्फ़त के हवालों पे हँसी आती है
लैला मजनूँ की मिसालों पे हँसी आती है

जब भी तक़मील-ए-मोहब्बत का ख़याल आता है
मुझको अपने ख़यालों पे हँसी आती है

लोग अपने लिये औरों में वफ़ा ढूँढते हैं
उन वफ़ा ढूँढनेवालों पे हँसी आती है

देखनेवालो तबस्सुम को करम मत समझो
उन्हें तो देखनेवालों पे हँसी आती है

चाँदनी रात मोहब्बत में हसीन थी 'फ़ाकिर'
अब तो बीमार उजालों पे हँसी आती है

(गायक : बेगम अख़्तर)

2

कुछ तो दुनिया की इनायात ने दिल तोड़ दिया
और कुछ तल्ख़ी-ए-हालात ने दिल तोड़ दिया

पहले कहते थे वो चुप क्यों हो, ज़रा लब खोलो
अब वो कहते हैं कि शिकायात ने दिल तोड़ दिया

वो मिरे हैं, मुझे मिल जायेंगे, आ जायेंगे
ऐसे मोहमिल[1] से ख़यालात ने दिल तोड़ दिया

यूँ तो कहने को मुलाक़ात हुई थी उनसे
क्या मुलाक़ात थी, हर बात ने दिल तोड़ दिया

हम तो समझे थे के बरसात में बरसेगी शराब
आयी बरसात तो बरसात ने दिल तोड़ दिया

वो भी आलम था के हर रात हसीं होती थी
ये भी आलम है के हर रात ने दिल तोड़ दिया

दिल तो रोता रहे, और आँख से आँसू न बहे
इश्क़ की ऐसी रवायात ने दिल तोड़ दिया

आप को प्यार है मुझ से के नहीं है मुझ से
ऐसे बेकार से सवालात ने दिल तोड़ दिया

(गायक : बेगम अख़्तर)

---

1. बेवजह

बात 1968 की है। सुदर्शन .फ़ाकिर जालंधर के ऑल इंडिया रेडियो में बतौर आर्टिस्ट काम करते थे। उन्हीं दिनों बेगम अख़्तर, आईजी पुलिस अश्विनी कुमार के निमंत्रण पर लखनऊ से जालंधर आयीं। रेडियो स्टेशन में उन्होंने अश्विनी कुमार की लिखी कुछ .ग़ज़लें गाईं। फिर उन्हें एक .ग़ज़ल सुदर्शन .फ़ाकिर की पकड़ा दी गई। उन्होंने यह बात क़ुबूली थी कि इसे पकड़ते हुए उनके मन में आया कि 'इस छोटी-सी उम्र वाले युवक की .ग़ज़ल में भला क्या दम होगा?' उन्होंने फिर भी स्टूडियो में ही उसकी धुन बनायी और उसे गाया। जब गाना शुरू किया तो उसके शब्दों से इतनी प्रभावित हुईं कि अलग-अलग नोट्स पर उन तीन अंतरों को बार-बार गाती रहीं। जिन आईजी साहिब की .ग़ज़लें गाने वे आयी थीं, उनसे ज़्यादा समय उन्होंने सुदर्शन .फ़ाकिर की एक .ग़ज़ल को ही दिया। और मुंबई जाकर इस .ग़ज़ल को रिकॉर्ड करवाने का वादा करके जाते हुए बोलीं, ''सुदर्शन तुम्हारी इस .ग़ज़ल ने मेरा जालंधर आना सार्थक कर दिया।''

3

इश्क़ में ग़ैरत-ए-जज़्बात ने रोने न दिया
वर्ना क्या बात थी किस बात ने रोने न दिया

आप कहते थे के रोने से न बदलेंगे नसीब
उम्र भर आपकी इस बात ने रोने न दिया

उनसे मिलकर हमें रोना था बहुत रोना था
तंगी-ए-वक़्त-ए-मुलाक़ात ने रोने न दिया

रोनेवालों से कहो उनका भी रोना रो लें
जिनको मजबूरी-ए-हालात ने रोने न दिया

एक दो रोज़ का सदमा हो तो रो लें 'फ़ाकिर'
हम को हर रोज़ के सदमात ने रोने न दिया

(गायक : बेगम अख़्तर)

मुंबई से बेगम अख़्तर का सुदर्शन फ़ाकिर के लिए फ़ोन आया कि ग़ज़ल रिकॉर्ड हो गई है और तुम आ जाओ। फ़ाकिर साहिब 1969 में मुंबई पहुँचे तो बेगम अख़्तर ने उनकी मुलाकात म्यूज़िक डायरेक्टर मदन मोहन से करवायी। जो उस समय के बड़े संगीतकार थे। सुदर्शन फ़ाकिर ने अपनी यह ग़ज़ल मदन मोहन को दी। यहीं से माया नगरी का उनका सफ़र शुरू हुआ। दुनिया में इस ग़ज़ल से उनकी पहचान बनी। यहाँ से उनका मुंबई का सफ़र शुरू हुआ और शौहरत दुनिया में फैलने लगी। मदन मोहन जी ने उनके कुछ गीत लिए, धुन भी बनी लेकिन फ़ाकिर साहिब कहते थे कि ये उनकी बदकिस्मती रही कि मदन मोहन जल्द ही दुनिया से चले गए।

4

अगर हम कहें और वो मुस्कुरा दें
हम उनके लिए ज़िन्दगानी लुटा दें

हर इक मोड़ पर हम ग़मों को सज़ा दें
चलो ज़िन्दगी को मोहब्बत बना दें

अगर ख़ुद को भूले तो, कुछ भी न भूले
के चाहत में उनकी, ख़ुदा को भुला दें

कभी ग़म की आँधी, जिन्हें छू न पाए
वफ़ाओं के हम, वो नशेमन बना दें

क़यामत के दीवाने कहते हैं हमसे
चलो उनके चेहरे से पर्दा हटा दें

सज़ा दें, सिला दें, बना दें, मिटा दें
मगर वो कोई फ़ैसला तो सुना दें

(गायक : जगजीत सिंह, चित्रा सिंह)

5

फ़ल्सफ़े इश्क़ में पेश आये सवालों की तरह
हम परेशाँ ही रहे अपने ख़यालों की तरह

शीशागर बैठे रहे ज़िक्र-ए-मसीहा लेकर
और हम टूट गये काँच के प्यालों की तरह

जब भी अंजाम-ए-मुहब्बत ने पुकारा ख़ुद को
वक़्त ने पेश किया हम को मिसालों की तरह

ज़िक्र जब होगा मुहब्बत में तबाही का कहीं
याद हम आयेंगे दुनिया को हवालों की तरह

(गायक : मोहम्मद रफ़ी)

6

जिस से हस्ती फ़ना नहीं होती
वो तो काफ़िर अदा नहीं होती

मयकशी ख़ुद तो है दवा-ए-ग़म
इस वफ़ा की दवा नहीं होती

ग़ैर को वो ख़ुदा समझते हैं
मिरे हक़ में दुआ नहीं होती

दर्दमंदो लहद[1] में सो जाओ
दर्द-ए-दिल की दवा नहीं होती

जितने ज़ालिम ये हुस्न वाले हैं
उतनी ज़ालिम कज़ा नहीं होती

---

1. कब्र

7

इस दर्ज़ा करम आपका देखा तो नहीं है
क्या तर्क़-ए-मोहब्बत का इरादा तो नहीं है

हालत पे मेरी आप परेशां से क्यूँ हैं
अंजाम-ए-मोहब्बत है ये शिकवा तो नहीं है

ऐ वादा फ़रामोश ज़रा इतना बता जा
दुनिया भी किसी शोख़ का वादा तो नहीं है

मुझको तो फ़क़त तुझी से मोहब्बत है तुझी से
हो तुम को किसी और से ऐसा तो नहीं है

हम नींद की आगोश से क्यूँ चौंक उठे हैं
ख़्वाबों में कहीं तुमने पुकारा तो नहीं है

ये कौन गिरा है दर-ए-बुतख़ाना पे 'फ़ाकिर'
देखो तो सही चल के मसीहा तो नहीं है

(गायक : शैलेंद्र सिंह)

8

हमसे ये ज़िन्दगी न कटेगी पिये बग़ैर
ग़म का कोई पहाड़ लगेगी पिये बग़ैर

महसूस होगा जैसे मुसीबत ही आ पड़ी
बारिश बड़ी अजीब लगेगी पिये बग़ैर

अपने घरों में बैठ के रोयेंगे रात भर
महफ़िल न दोस्तों की सजेगी पिये बग़ैर

मेरे बदन की आग तो दरिया बुझा गये
दिल की ये आग बुझ न सकेगी पिये बग़ैर

ग़ालिब की हो ग़ज़ल के कोई शे'र मीर का
अच्छी न कोई बात लगेगी पिये बग़ैर

कितनी भी कोशिशों से सजा लो इसे मगर
जन्नत न ये ज़मीन बनेगी पिये बग़ैर

9

आज के दौर में ऐ दोस्त ये मंज़र क्यूँ है
ज़ख़्म हर सर पे हर इक हाथ में पत्थर क्यूँ है

जब हक़ीक़त है के हर ज़र्रे में तू रहता है
फिर ज़मीं पर कहीं मस्जिद कहीं मंदिर क्यूँ है

अपना अंजाम तो मालूम है सब को फिर भी
अपनी नज़रों में हर इन्सान सिकंदर क्यूँ है

ज़िन्दगी जीने के क़ाबिल ही नहीं अब 'फ़ाकिर'
वर्ना हर आँख में अश्कों का समंदर क्यूँ है

(गायक : जगजीत सिंह)

उस वक़्त कश्मीर के हालात को देखते हुए फ़ाकिर साहब ने यह ग़ज़ल लिखी थी।

10

मैंने हरगिज़ ये न सोचा था मगर याद आया
देख कर धूप सफ़र में मुझे घर याद आया

खानकाहों[1] में जो सर कटते हुए देखा था
सर ये सजदे में झुकाया तो वो सर याद आया

मैं तो सहरा में चला जाऊँ मगर क्या होगा
मुझको चेहरा किसी लैला का अगर याद आया

तेरी यादों का हर इक ज़ख़्म था भरने के करीब
हाय किस वक़्त तेरा वक़्त-ए-सफ़र याद आया

पास मंज़िल के पहुँच कर भी पलट आऊँगा
मेरा क़ातिल मुझे भूले से अगर याद आया

मैं तो सब छोड़ के चल दिया 'फ़ाकिर'
जब लगी प्यास तो मयखाने का दर याद आया

---

1. क़त्लगाह

11

हमसे तुमको क्या गिला है ज़िन्दगी
हर कदम तू इक सज़ा है ज़िन्दगी

क्या बताएँ हम कि क्या है ज़िन्दगी
आसमां की इक ख़ता है ज़िन्दगी

गर किसी का फ़ैसला है ज़िन्दगी
फिर यकीनन इक सज़ा है ज़िन्दगी

न सफ़र न रास्ता है ज़िन्दगी
इक दिलकश हादसा है ज़िन्दगी

हमसे पूछो तुम कि क्या है ज़िन्दगी
हादसों का सिलसिला है ज़िन्दगी

आसमान तक जो न पहुँची आज तक
इक मुफ़लिस[1] की सदा है ज़िन्दगी

ये गुनाहों की है 'ख़ाकिर' दास्तान
नाम जिसका रख दिया है ज़िन्दगी

---

1. मुफ़लिस = गरीबी

12

आदमी आदमी को क्या देगा
जो भी देगा वही ख़ुदा देगा

मेरा क़ातिल ही मेरा मुन्सिफ़[1] है
क्या मेरे हक़ में फ़ैसला देगा

ज़िन्दगी को क़रीब से देखो
इसका चेहरा तुम्हें रुला देगा

हमसे पूछो दोस्ती का सिला
दुश्मनों का भी दिल हिला देगा

इश्क़ का ज़हर पी लिया 'फ़ाकिर'
अब मसीहा भी क्या दवा देगा

(गायक : जगजीत सिंह)

____

1. मुन्सिफ़ = न्याय करने वाला

13

कैसे लिखोगे मोहब्बत की किताब
तुम तो करने लगे पल पल का हिसाब

किस जगह प्यास बुझाने आये
कि जहाँ ज़हर न पानी न शराब

खुश्क पत्तों का मुक़द्दर लेकर
आग के शहर में रहता हूँ जनाब

ज़िन्दगी तुझको समझते कैसे
तेरे चेहरे पे है सदियों के नक़ाब

(गायक : पंकज उधास)

14

कौन ये जाना इश्क़ में कब कब क्या क्या होना है
किस को किसके कांधे पर सर रख के रोना है

इन्सां ख़ुद को कुछ भी समझे पर ये हकीक़त है
वक़्त के आगे मिट्टी का ये इक खिलौना है

चलते चलते उड़ कर छू लो चाँद सितारे भी
आख़िर में तो बस ये ज़मीं ही सबका इक बिछौना है

प्यार मोहब्बत रिश्ते नाते सब क्या हैं 'फ़ाकिर'
इक कहानी जिसका उनवां रोना धोना है

15

हाय ये ज़ालिम अदा काफ़िर अदा बरसात की
हमने तौबा तोड़ दी सुन कर सदा बरसात की

बुतकदों को चूम लो तुम मयकदों में झूम लो
कह रही है आज ये काली घटा बरसात की

इक नशा बोतलों में दूसरा महफ़िल में
जान लेकर जायेगी भीगी फ़िज़ा बरसात की

जो न पीते थे कभी मख़मूर वो भी हो गये
मयकदों से आई है शायद हवा बरसात की

एक झोंका सा कोई मुझको शराबी कर गया
जब तेरे लब चूम कर आई हवा बरसात की

16

मेरी ज़ुबाँ से मेरी दास्ताँ सुनो तो सही
यक़ीं करो न करो मेहरबाँ सुनो तो सही

चलो ये मान लिया मुजरिम-ए-मोहब्बत हैं
हमारे जुर्म का हमसे बयाँ सुनो तो सही

ख़िज़ां-नसीब तमन्ना सवाल करती है
जवाब दो न दो, मेहरबाँ सुनो तो सही

कहोगे वक़्त को मुजरिम भरी बहारों में
जला था कैसे मेरा आशियाँ सुनो तो सही

बनोगे दोस्त मेरे तुम भी दुश्मनों इक दिन
मेरी हयात की आह-ओ-फ़ुग़ाँ सुनो तो सही

लबों को सी के जो बैठे हैं बज़्म-ए-दुनिया में
कभी तो उनकी भी ख़ामोशियाँ सुनो तो सही

(गायक : चित्रा सिंह)

17

किसी रंजिश को हवा दो के मैं ज़िन्दा हूँ अभी
मुझको एहसास दिला दो के मैं ज़िन्दा हूँ अभी

मेरे रुकने से मेरी साँसें भी रुक जाएँगी
फ़ासले और बढ़ा दो के मैं ज़िन्दा हूँ अभी

ज़हर पीने की तो आदत थी ज़मानेवालों
अब कोई और दवा दो के मैं ज़िन्दा हूँ अभी

चलती राहों में यूँ ही आँख लगी है 'फ़ाकिर'
भीड़ लोगों की हटा दो के मैं ज़िन्दा हूँ अभी

(गायक : चित्रा सिंह)

***

फ़ाकिर साहिब मुंबई में सांताक्रूज़ ईस्ट में रहते थे। उन दिनों वे एक गेस्ट हाउस में रहते थे और शाम के वक्त नज़दीक के एक छोटे से बाज़ार में जाते थे। फिर सड़क पर ही थोड़ा टहलते थे। एक दिन कुछ भीड़ सड़क पर देखकर कदम रुके और आवाज़ आयी 'ज़िंदा है।' यह सुन पास जाकर देखा तो पता चला कि एक आदमी बेहोश पड़ा था। वो आदमी उदास था। उसी उदासी के कारण वह बेहोशी थी। उसी मंज़र से विचार आया, 'मैं भी तो ज़िंदा ही हूँ।'

इन्हीं दिनों संघर्ष की आग में घी का काम किया था एक वाकये ने। गुज़ारे के लिए सुदर्शन फ़ाकिर जिस कम्पनी के लिए रेडियो के जिंगल्स बनाया करते थे वह कंपनी बंद हो गई। हर ओर से निराशा घेरने लगी थी। और वह आवाज़ 'ज़िंदा है, ' कानों में गूँज रही थी, इसीलिए दिल की बात इस ग़ज़ल के रूप में कागज़ पर उतरी थी...'किसी रंजिश को हवा दो...' इसे पहले 1973 में सुधा मल्होत्रा ने गाया, फिर चित्रा सिंह ने गाया।

***

18

मेरे इख़्लास[1] पे तोहमत न लगाओ यारो
बेसबब रूठ के जाते हो तो जाओ यारो

मुझको फ़रियाद की आदत नहीं इस दुनिया में
सर झुकाता हूँ मैं तुम संग उठाओ यारो

ग़म की महफ़िल में क्यूँ शमा को देते हो सज़ा
दिल सलामत है तो इस दिल को जलाओ यारो

ख़ून के अश्क हैं आँखों में तो फिर दामन पर
ज़िन्दगी की कोई तसवीर बनाओ यारो

---

1. इख़्लास = मोहब्बत

19

बेबात हम पे तरके मोहब्बत न कीजिये
सरकार आशिकी से बगावत न कीजिये

हम राह-ए-इश्क़ में बड़े नादान हैं अभी
हम से शरारतन भी शरारत न कीजिये

यूँ बिजलियाँ गिराते हैं पर्दा उठा के आप
पर्दा ही कीजिये ये क़यामत न कीजिये

कहते हैं वो बतर्ज़ें शिकायत कभी कभी
उल्फ़त में आप हमसे शिकायत न कीजिये

(गायक : दिलराज कौर)

20

शब-ए-हिज्रां से प्यार कौन करे
आपका एतबार कौन करे

आरज़ू पर बहार आती है
आरज़ू-ए-बहार कौन करे

बारहा मर चुके हैं इश्क़ में हम
मौत का इन्तज़ार कौन करे

क़िस्सा-ए-ग़म सुना तो दूँ लेकिन
आपको अश्क़बार कौन करे

जब तमन्ना ही अपने दिल में नहीं
फिर तमन्ना-ए-यार कौन करे

21

मेरे दाग़-ए-जिगर में रोशनी मालूम होती है
अँधेरी रात भी अब चाँदनी मालूम होती है

सुनाये जा रहा हूँ उससे रुदाद-ए-ग़मे-उल्फ़त
जिसे उल्फ़त सरापा दिल-लगी मालूम होती है

तकल्लुम[1] क्या, तबस्सुम क्या, अदाएँ क्या, वफ़ाएँ क्या
तेरी हर बात में इक दिलकशी मालूम होती है

हजूमे या सो ग़म में तेरे दिवाने कहाँ जायें
बयाबान में बहार आई हुई मालूम होती है

---

1. तकल्लुम = बात

22

ज़ख़्म जो आप की इनायत है, इस निशानी को नाम क्या दें हम
प्यार दीवार बन के रह गया है, इस कहानी को नाम क्या दें हम

आप इल्ज़ाम धर गये हम पर, एक एहसान कर गये हम पर
आप की ये भी मेहरबानी है, मेहरबानी को नाम क्या दें हम

आपको यूँ ही ज़िन्दगी समझा, धूप को हमने चाँदनी समझा
भूल ही भूल जिस की आदत है, इस जवानी को नाम क्या दें हम

रात सपना बहार का देखा, दिन हुआ तो ग़ुबार सा देखा
बेवफ़ा वक़्त बेज़ुबाँ निकला, बेज़ुबानी को नाम क्या दें हम

(गायक : चित्रा सिंह, जगजीत सिंह)

23

ज़िन्दगी तुझको जिया है कोई अफ़सोस नहीं
ज़हर खुद मैंने पिया है कोई अफ़सोस नहीं

मैंने मुजरिम को भी मुजरिम ना कहा दुनिया में
बस यही जुर्म किया है कोई अफ़सोस नहीं

मेरी किस्मत में जो लिखे थे उन्हीं काँटों से
दिल के ज़ख़्मों को सिया है कोई अफ़सोस नहीं

अब गिरे संग के शीशों की हो बारिश 'फ़ाकिर'
अब कफ़न ओढ़ लिया है कोई अफ़सोस नहीं

(गायक : चित्रा सिंह)

24

इश्क़ के आगे दौलत क्या है
ताजमहल की क़ीमत क्या है

पहले हँसना बाद में रोना
और जहाँ में उल्फ़त[1] क्या है

नाम हमारा तेरे लबों पर
इस से बढ़कर शौहरत क्या है

तुम से तुमको छीन लें इक दिन
और हमारी हसरत क्या है

(गायक : अशोक खोसला)

---

1. उल्फ़त = प्यार

25

 फ़र्श पर ढूँढ चुके बाग-ए-जिनाँ तक पहुँचे
ढूँढने वाले तुझे हाय कहाँ तक पहुँचे

हम न करते थे कभी राज़-ए-मोहब्बत को अयाँ
अश्क़ आँखों से ढले और बयां तक पहुँचे

आज सागर भी है मीना भी मेरे हाथों में
ग़म-ए-दौरां में जो हिम्मत हो यहाँ तक पहुँचे

मिरे ज़ख़्मों की दवा मौत ही हो सकती है
पहुँचे मरहम न वहाँ जहाँ तक पहुँचे

हुस्न वालों की मोहब्बत में ये पाबन्दी है
के कभी हर्फ़-ए-शिकायत न ज़ुबां तक पहुँचे

26

हो रही है बड़े ही काम की बात
यानी तेरे लबों के जाम की बात

यूँ तो बातें हैं बेशुमार मगर
हाय वो इक हसीं शाम की बात

तेरे दर से सबा नहीं लौटती
दरमियां रह गयी पयाम की बात

तेरे आगे जुबां तो खुल न सकी
झुका के नज़रों ने की सलाम की बात

27

अपनों के सितम हम से बताए नहीं जाते
ये हादसे वो हैं जो सुनाए नहीं जाते

कुछ कम ही तअल्लुक है मुहब्बत का जुनूँ से
दीवाने तो होते हैं बनाए नहीं जाते

इक उम्र की कोशिश से भुला दी है तेरी याद
लेकिन अभी तक याद के साये नहीं जाते

प्यालों में हो ज़हराब[1] कि कुछ और हो 'फ़ाकिर'
अब होंठों से वापस तो ये लाए नहीं जाते

(गायक : बेगम अख़्तर)

---

1. ज़हराब = ज़हरीला पानी

28

मैं लौट के घर आऊँ कोई आस नहीं है
गुरबत ये मेरी राम का वनवास नहीं है

मैं तो तरस रहा हूँ इक बूँद को कब से
इतने समन्दरों की मुझे प्यास नहीं है

पढ़ते हैं ज़िन्दगी को भी अख़बार की मानिंद
दिल में किसी के कोई एहसास नहीं है

मसरूफ़ इस क़दर हूँ कि पढ़कर बुरी खबरें
फ़ुरसत भी चौंकने की मेरे पास नहीं है

कब छोड़ दें ये साथ कब लौट पड़ें हम
घर लौटने की मुझको कोई आस नहीं है

29

एक ही बात ज़माने की किताबों में नहीं
जो ग़म-ए-दोस्त में नशा है शराबों में नहीं

हुस्न की भीख न माँगेंगे न जलवों की कभी
हम फ़कीरों से मिलो खुल के हिजाबों में नहीं

हर जगह फिरते हैं आवारा ख़यालों की तरह
ये अलग बात है हम आपके ख़्वाबों में नहीं

न डूबो सागर-ओ-मीना में ये गम ए 'फ़कीर'
के मकाम इनका दिलों में है शराबों में नहीं

(गायक : मोहम्मद रफ़ी)

30

सामने है जो उसे लोग बुरा कहते हैं
जिसको देखा ही नहीं उसको ख़ुदा कहते हैं

ज़िन्दगी को भी सिला कहते हैं कहनेवाले
जीनेवाले तो गुनाहों की सज़ा कहते हैं

फ़ासले उम्र के कुछ और बढ़ा देती है
जाने क्यूँ लोग उसे फिर भी दवा कहते हैं

चंद मासूम से पत्तों का लहू है 'फ़ाकिर'
जिसको महबूब के हाथों की हिना कहते हैं

(गायक : जगजीत सिंह)

❖

ग़ज़ल सम्राट जगजीत सिंह कहते थे कि यह सुदर्शन फ़ाकिर की बेहतरीन रचनाओं में से एक है।

❖

31

पत्थर के ख़ुदा पत्थर के सनम पत्थर के ही इंसाँ पाए हैं
तुम शहर-ए-मुहब्बत कहते हो, हम जान बचाकर आए हैं

बुतख़ाना समझते हो जिसको पूछो ना वहाँ क्या हालात हैं
हम लोग वहीं से लौटे हैं बस शुक्र करो लौट आए हैं

हम सोच रहे हैं मुद्दत से अब उम्र गुज़ारें भी तो कहाँ
सहरा में ख़ुशी के फूल नहीं, शहरों में ग़मों के साए हैं

होंठों पे तबस्सुम हल्का-सा आँखों में नमी सी ऐ 'फ़ाकिर'
हम अहल-ए-मुहब्बत पर अकसर ऐसे भी ज़माने आए हैं

(गायक : जगजीत सिंह)

बात 1983 की है। फ़ाकिर साहब मुंबई से पंजाब आने लगे तो एक दोस्त से मुलाकात हुई लेकिन वे उसके पास ज्यादा रुके नहीं और कहने लगे कि मेरी ट्रेन है, पंजाब जा रहा हूँ। इस पर दोस्त ने कहा था, ''तो यूँ कहो न कि 'शहर-ए-मोहब्बत' जा रहा हूँ।''

खैर फ़ाकिर साहब पंजाब आ गए। तब पंजाब में आतंकवाद का दौर था, दो-तीन लोग बसों को हाइजैक करके हिन्दुओं को निकालकर मार देते थे। उसी दौरान किसी काम से सपरिवार फ़ाकिर साहब को चंडीगढ़ जाना पड़ा। चंडीगढ़ से जालंधर लौटते समय बस कुराली रुकी। वहाँ से चली तो कुछ ही दूरी पर रास्ते में तीन लोग दोशाला ओढ़े खड़े थे। उन्होंने हाथ दिया और ड्राइवर ने बस रोक दी। दो सीटों पर बेटा मानव व पत्नी सुदेश बैठी थीं और एक सीट पर फ़ाकिर साहब अकेले बैठे थे। उनके साथ उनमें से एक व्यक्ति बैठ गया। बैठते हुए ही उसका दोशाला कुछ ऊँचा हुआ तो फ़ाकिर जी को उसकी बंदूक दिख

गई। उसके साथियों को भी गौर से देखा तो उनके पास भी हथियार थे। फ़ाकिर साहिब का रंग उड़ा देखा तो पत्नी ने पूछा, ''क्या हुआ?'' इस पर उन्होंने इशारे से उनके हथियारों के बारे में बताया। काफ़ी रास्ता ईश्वर का नाम लेते हुए ही गुज़रा। फिर वे बलाचौर के चौक पर उतर गए तो जान में जान आयी। अगले दिन अखबार में खबर पढ़ी थी कि बलाचौर के पास उन आतंकियों ने एक बस के यात्रियों की हत्या की थी। तब मुंबई लौट कर उन्होंने यह ग़ज़ल लिखी थी। इसके शब्द वास्तविक हालात पर ही थे। उन आतंकियों का दिल पत्थर हो चुका था।

बात उन दिनों की है, जब मुंबई में अचानक बंद का ऐलान हो जाया करता था। ऐसा ही दिन था वो...जब जगजीत सिंह तथा फ़ाकिर जी स्टूडियो से बाहर निकले तो कोई टैक्सी या ऑटो नहीं मिला। ऐसे में जगजीत सिंह कहने लगे कि सुदर्शन तुझे मैं ही घर छोड़ देता हूँ। कार में बैठ। वे दोनों कुछ दूर ही गए थे कि एक पत्थर आकर कार के शीशे पर लगा। गनीमत यह रही कि कोई ज़्यादा नुकसान नहीं हुआ। जगजीत ने कार तुरंत स्टूडियो की ओर ही मोड़ ली। उसी मंज़र में जन्म हुआ इस ग़ज़ल का...पत्थर के खुदा, पत्थर के सनम...।

32

ज़िन्दगी में जब तुम्हारे ग़म नहीं थे
इतने तनहा थे कि हम भी हम नहीं थे

वक़्त पर जो लोग काम आए हैं अक्सर
अजनबी थे, वो मेरे हमदम नहीं थे

बेसबब था तेरा मिलना रहगुज़र में
हादसे हर मोड़ पर कुछ कम नहीं थे

हमने ख़्वाबों में ख़ुदा बनकर भी देखा
आप थे, बाँहों में दो आलम नहीं थे

सामने दीवार थी ख़ुद्दारियों की
वरना रस्ते प्यार के पुरख़म नहीं थे

(गायक : भूपेन्द्र सिंह, अनुराधा पौडवाल)

❖

संघर्ष की आग क्या होती है इसका एहसास ़फाकिर साहब को अपने स्ट्रगल के दिनों में एक गेस्ट हाउस में रहने के दौरान हुआ। उस गेस्ट हाउस की सीढ़ियों के ऊपर एक मोंटी में भी उन्होंने कुछ दिन गुज़ारे। इतनी तंग जगह थी वो कि चारपाई भी मुश्किल से ही आती थी वहाँ। तब उन्हें लगने लगा था कि उनके पास केवल ग़मों की दौलत है। ये ग़म ही उनके जीने का सहारा बन गए थे। उस दौर में उन्होंने काफ़ी दर्द भरी ग़ज़लें लिखीं।

❖

33

ज़िन्दगी मेरी है टूटा हुआ शीशा कोई
काश मिल जाये मुझे आज मसीहा कोई

लड़खड़ाने लगे उखड़ी हुई साँसों के चिराग
हाय किस वक़्त मिला बन के उजाला कोई

क़ाफ़िले आये गए फिर भी कई बरसों से
जाने इक मोड़ पे क्यों बैठा है तनहा कोई

कैसे रो रो के पिघलते हैं गुनाहों के पहाड़
आ के देखे तो सही ये भी नज़ारा कोई

(गायक : भूपेन्द्र सिंह)

34

उनको भूले हुए अपने ही सितम याद आए
जब उन्हें ग़ैर ने तड़पाया तो हम याद आए

हम ज़माने के मसाइल[1] का गिला भूल गए
जब हमें आपके बक़्शे हुए ग़म याद आए

बेवफ़ा याद कभी तो उन्हें कर ले जिनको
बंदगी में भी तेरे नक़्श-ए-क़दम याद आए

आज की रात बहुत जुल्म हुआ है हम पर
आज की रात हमें आप भी कम याद आये

(गायक : सुधा मल्होत्रा)

---

1. मसाइल = परेशानी

35

वादा वफ़ा किया है किसी ने बहार से
दोनों जहाँ हैं आज मेरे इख़्तियार में

चेहरों से अपने पर्दा उठायेगी ज़िन्दगी
सदियाँ गुज़र गयी हैं इसी इन्तज़ार में

इस बात पर न रो कि वफ़ा से क्या मिला
अक्सर यही हुआ है मेरे दोस्त प्यार में

ज़ाकिर न पूछ क्या हुए उल्फ़त के कारवाँ
सब खो गये हैं वक़्त के गर्द-ओ-गुबार में

36

तुम्हारे इश्क में हमने जो ज़ख्म खाये हैं
वो ज़िन्दगी के अँधेरों में काम आये हैं

मेरे नदीम तुम्हें तो किसी से प्यार नहीं
तुम्हारी आँख में क्यूँ अश्क झिलमिलाए हैं

राहे जुनून में कड़ी धूप है तो क्या ऐ दोस्त
मेरे शरीक-ए-सफ़र तेरे ग़म के साये हैं

कदम कदम पे मोहब्बत में हादसे ‘फ़ाकिर’
बड़े खलुस-ओ-मोरब्बत से पेश आये हैं

(गायक : डैनी डेंज़ोंगपा)

⊰•◗●◖•⊱

ये ग़ज़ल हिन्दुस्तान के बेहतरीन अभिनेता, विलेन, सिंगर डैनी डेंज़ोंगपा ने एक प्राइवेट एलबम में गायी थी। डैनी डेंज़ोंगपा का संगीत से नाता बहुत ही कम लोगों को पता है।

⊰•◗●◖•⊱

37

हमसे पूछो राह-ए-वफ़ा में क्या क्या आता है
ग़म का सहरा या अश्क़ों का दरिया आता है

एक नशा सा दिल पर तारी होता जाता है
इस रास्ते पर लगता है मयखाना आता है

तुझसे बिछड़े सदियाँ बीतीं फिर ऐसा क्यों है
जाऊँ जिधर भी साथ तुम्हारा साया आता है

कोई मुसाफ़िर होगा जिसने दस्तक दी होगी
वरना इस घर में कब कोई अपना आता है

वो दिन दूर नहीं जब मुझको देख के लोग कहेंगे
दूर हटो रास्ता छोड़ो दीवाना आता है

38

तेरी यादों के सहारे मैं जिये जाता हूँ
गुज़रे लम्हों के हसीन जाम पिये जाता हूँ

बेवफ़ा तुझको कहूँ ये नहीं मुमकिन ऐ दोस्त
अपनी तक़दीर को इल्ज़ाम दिये जाता हूँ

ज़िन्दगी तू है मेरी मेरा खुदा भी तू है
सुबह और शाम तेरा नाम लिये जाता हूँ

क्या हुआ मुझसे अगर दूर बहुत दूर है तू
मैं ख़यालों में तेरे साथ जिये जाता हूँ

39

शेख़ जी थोड़ी सी पी कर आइये
मय है क्या शै फिर हमें बतलाइए

आप क्यों हैं सारी दुनिया से जुदा
आप भी दुश्मन मेरे बन जाइए

क्या है अच्छा क्या बुरा बन्दा नवाज़,
आप समझें तो हमें समझाइए

जाने दीजे अक़्ल की बातें जनाब,
दिल की सुनिये और पीते जाइए

उलझनें दुनिया की सुलझा लेंगे हम
आप अपनी ज़ुल्फ़ तो सुलझाइए

(गायक : जगजीत सिंह)

40

मेरे दुख की कोई दवा न करो
मुझ को मुझ से अभी जुदा न करो

नाख़ुदा को ख़ुदा कहा है तो फिर
डूब जाओ, ख़ुदा ख़ुदा न करो

ये सिखाया है दोस्ती ने हमें
दोस्त बनकर कभी वफ़ा न करो

इश्क़ है इश्क़, ये मज़ाक नहीं
चंद लम्हों में फ़ैसला न करो

आशिक़ी हो के बंदगी 'फ़ाकिर'
बेदिली से तो इब्तिदा न करो

(गायक : चित्रा सिंह)

41

जाने वाला जाते जाते कह गया
जीने वालों अब यहाँ क्या रह गया

आसमानों की हदों से जा मिला
इश्क़ के दरिया में जो भी बह गया

मौत का ग़म क्या सतायेगा उसे
ज़िन्दगी का हर सितम जो सह गया

हासिल-ए-उल्फ़त वही मोती तो था
अश्क़ बन कर आँख से जो बह गया

42

अश्कों का जब मौसम आया एक अजब सी बात हुई है,
और कहीं इक बूँद न बरसी मेरे घर बरसात हुई है

जब तुम थे तो रात का चेहरा सूरज जैसा लगता था,
जिस दिन तुमने छोड़ा मुझको उस दिन मेरी रात हुई है

हम सा अनाड़ी कोई खिलाड़ी ढूँढ न पाओगे दुनिया में,
खुद को खुद शह दे बैठे और बाज़ी अपनी मात हुई है

क्या बतलायें कैसे गुज़री शहर-ए-मोहब्बत में ऐ 'फ़ाकिर',
दरवाज़ों पर दिन गुज़रे हैं दहलीज़ों पर रात हुई है

(गायक : निर्मल उधास)

पंकज उधास के भाई निर्मल उधास ने एक बार फ़ाकिर साहब से कहा था, ''मेरे लिए कोई ग़ज़ल लिख दो, जिससे मेरे करियर की गाड़ी चल निकले।'' तब उनके लिए सुदर्शन जी ने यह ग़ज़ल लिखी थी।

इस ग़ज़ल में 'बरसात' का अभिप्राय उनके आँसुओं से भी है, क्योंकि वो अपने पिता को याद कर के बहुत रोया करते थे। उनके पिता उन्हें डॉक्टर बनाना चाहते थे लेकिन सुदर्शन फ़ाकिर के अंदर तो एक शायर पनप रहा था। पढ़ाई में उनका मन बिलकुल नहीं लगता था। इसीलिए पिता से दूर जालंधर चले आये थे। फिर बरसों पिता से मुलाकात नहीं हुई। जब कुछ नाम कमा लिया तो कहते थे कि पिता से मिलने जाना है। वहाँ जाने का मन बनाया भी, लेकिन होनी को कुछ और ही मंज़ूर था। उनकी तैयारी से पहले ही पिता की अचानक मौत की खबर आ गई। अपनी सफलता की कहानी सुनाने की तमन्ना फ़ाकिर साहब के दिल में ही रह गई।

43

दुनिया से वफ़ा करके सिला ढूँढ रहे हैं
हम लोग भी नादाँ हैं क्या ढूँढ रहे हैं

कुछ देर ठहर जाइऐ बंदा-ए-इन्साफ़
हम अपने गुनाहों में ख़ता ढूँढ रहे हैं

ये भी तो सज़ा है कि गिरफ़्तार-ए-वफ़ा हूँ
क्यूँ लोग मोहब्बत की सज़ा ढूँढ रहे हैं

दुनिया की तमन्ना थी कभी हम को भी 'फ़ाकिर'
अब ज़ख़्म-ए-तमन्ना की दवा ढूँढ रहे हैं

44

हम भी मिट जाते कोई ज़ख़्म-ए-तमन्ना बन कर
काश आती न तेरी याद मसीहा बन कर

दिल की हर आग बुझाने को तेरी याद आई
कभी कतरा, कभी शबनम, कभी दरिया बन कर

रास्ता भूल गयी याद किसी की वरना
हम गरीबों के घर आती न उजाला बन कर

जब चले दश्त की जानिब, तो ये देखा
सामने याद खड़ी थी तेरी लैला बन कर

(गायक : भूपेन्द्र सिंह)

45

इश्क़ में वो हमां हमीं न रही
ज़िन्दगी मेरी ज़िन्दगी न रही

मेरे मरने से रंज क्यूँ हो उन्हें
ज़िन्दगी थी रही रही न रही

मेरी वहशत की दाद दे ऐ दोस्त
तेरी शौहरत में कुछ कमी न रही

बुझ गया आख़िरी चिराग़-ए-उम्मीद
दाग़-ए-दिल में भी रोशनी न रही

46

जिस मोड़ पर किए थे हमने क़रार बरसों
उससे लिपट के रोये दीवानावार बरसों

तुम गुलिस्ताँ से आए ज़िक्र-ए-ख़िज़ाँ[1] ही लाए
हमने क़फ़स में देखी फ़स्ल-ए-बहार बरसों

होती रही है यूँ तो बरसात आँसुओं की
उठते रहे हैं फिर भी दिल से ग़ुबार बरसों

वो संगदिल था कोई बेगाना-ए-वफ़ा था
करते रहे हैं जिसका हम इंतज़ार बरसों

जिस मोड़ पर किए थे हमने क़रार बरसों
उससे लिपट के रोये दीवानावार बरसों

(गायक : चित्रा सिंह)

---

1. ज़िक्र-ए-ख़िज़ा = पतझड़ की चर्चा 2. क़फ़स = पिंजरा

47

शिकवा किसी ग़ैर से नहीं है
हमराज़ ही मार-ए-आस्तीं है

दुश्मन भी करीब आ रहे हैं
ये मौत भी किस कदर हसीं है

याद आये हैं वो बा-वक़्त-ए-सजदा
दिल मेरा कहीं जबीं कहीं है

जब से वो किनारा कश हैं 'फ़ाकिर'
पहली सी वो ज़िन्दगी नहीं है

48

इन दिनों ज़िन्दगी भी क़ातिल है
क़ातिलों में कमी तलाश न कर

जिसको जाना था वो गया आख़िर
ख़ुद में कोई कमी तलाश न कर

भूल जा छोड़ जाने वाले को
ख़ुद में कोई कमी तलाश न कर

एक जंगल है सारी ये दुनिया
भटके हुओं का इंतज़ार न कर

49

अब मोहब्बत न वफ़ा और न याराने हैं
पहले वक्तों के शायद कोई अफ़साने हैं

ज़ीस्त[1] वो मैकदा-ए-ग़म है जहाँ अहल-ए-वफ़ा[2]
गर्दिश-ए-वक़्त से टूटे हुए पैमाने हैं

ग़म मोहब्बत के बढ़े आते हैं मेरी जानिब
कोई रोके न इन्हें, ये मेरे दीवाने हैं

दिल में रौनक है ना हंगामा यारों
अपनी नज़रों में तो अब शहर भी वीराने हैं

(गायक : जगजीत सिंह)

---

1. जीवन, ज़िन्दगी 2. वफ़ा करने वाला

50

जिनके दामन में फूल होते हैं
वो बड़े बेकसूर होते हैं

ज़िन्दगी उनको रास आती है
ग़म भी जिनको कुबूल होते हैं

इश्क़, हसरत, कसम, वफ़ा, उल्फ़त
लफ़्ज़ ऐसे फ़िज़ूल होते हैं

इश्क़ कर लें तो कहकशां वरना
ज़र्रे-ए-राहों की धूल होते हैं

ख़ूबसूरत गुनाह ऐ 'फ़ाकिर'
सब जवानी की भूल होते हैं

(गायक : राजेन्द्र मेहता)

51

किसी शायर की है मदहोश ग़ज़ल, तेरा बदन
ख़ुद से शरमाया हुआ एक कँवल, तेरा बदन

दिल की धड़कन से भी नाज़ुक है, बहुत नाज़ुक है
दिल की धड़कन से भी जाता है दहल, तेरा बदन

हुस्न है शै का सिमट आये अगर एक जगह
उसका दुनिया में है बस एक बदल, तेरा बदन

ख़ूबसूरत भी हो, पत्थर तो है पत्थर फिर भी
चाँद की किरनों का है ताजमहल, तेरा बदन

52

मिट कर भी मोहब्बत में कोई गम नहीं करते
दीवाने किसी हाल में मातम नहीं करते

भर देगा हर एक ज़ख्म को ये वक़्त का मरहम
कुछ सब्र के, यूँ आँख को पुरनम नहीं करते

दुनिया में अगर जुर्म है उल्फ़त भी, वफ़ा भी,
फिर कौन सा वो जुर्म है जो हम नहीं करते

जिस राह पे आदाब-ए-जुनून सीखे हैं 'फ़ाकिर'
हम दर्द की दौलत को कभी कम नहीं करते

(गायक : शोभा गुर्टू)

हिन्दी क्लासिकल सिंगर शोभा गुर्टू जी की यह एक पसंदीदा ग़ज़ल हुआ करती थी।

53

तेरे कदमों पे बता कैसी अदा हाज़िर हो
तू ही कह दे मेरे महबूब कि क्या हाज़िर हो

महफ़िल-ए-हुस्न में गरमी तो बहुत होती है
हो इजाज़त तो ये आँचल की हवा हाज़िर हो

कैसे अंदाज़ के महबूब की हसरत है तुझे
मैं वफ़ा कर के दिखाऊँ कि जफ़ा हाज़िर हो

दिल के आराम को साये की ज़रूरत हो अगर
तो महकी हुई जुल्फ़ों की घटा हाज़िर हो

मेरे नग़मात की दुनिया में कशिश है कि नहीं
वरना जज़्बात की खामोश सदा हाज़िर हो

54

शौक़ से आयें ग़म ज़माने के
दर खुले हैं ग़रीबखाने के

ये मोहब्बत ये दोस्ती ये वफ़ा
सब वसीले हैं दिल दुखाने के

क्या सुने कोई दास्तान-ए-हयात
लाख उन्वा हैं इक फसाने के

इक खज़ाना है ज़िन्दगी 'फ़ाकिर'
अश्क़ मोती हैं इस खज़ाने के

(गायक : भूपेन्द्र सिंह)

55

हर एक ग़म को दे सज़ा शराब ला शराब पी
यही है दर्द की दवा शराब ला शराब पी

बुरी है यह कि है भली तू पी के कर ये फ़ैसला
नसीहतों को भूल जा शराब ला शराब पी

शराब पी के मत बहक इबादतों में डूब जा
ख़फ़ा न होगा फिर ख़ुदा शराब ला शराब पी

तू जन्नतों की आस में गवां न अपनी ज़िन्दगी
ज़मीन पे जन्नत सजा शराब ला शराब पी

56

मैं तुमको अपने ख़यालों में क्या नहीं कहता
ख़ुदा के डर से तुम्हें बस ख़ुदा नहीं कहता

ये इत्तिफ़ाक नहीं तुम जो मिल गये हो मुझे
नसीब को मैं कभी हादसा नहीं कहता

मिले न काश रिहाई तुम्हारी ज़ुल्फ़ों से
ये वो सज़ा है जिसे मैं सज़ा नहीं कहता

निगाहे यार से होगा मेरे ग़मों का इलाज
मैं चारा दर की दवा को दवा नहीं कहता

(गायक : अशोक खोसला)

57

थोड़ी सी पी लूँ तो लगते हैं अच्छे लोग
वरना मत पूछो दुनिया में हैं कैसे लोग

दुनिया के वीराने में तू मयखाना है
छोड़ के तुझको जायें कहाँ हम हैं प्यासे लोग

उनसे टकराते तो जान बचाते कैसे
वो पत्थर दिल क़ातिल हम शीशों जैसे लोग

क्यूँ दुनिया में उनको ढूँढ रहे हो यूँ ही
मैखानों में होते हैं दिल के सच्चे लोग

क्या बतलायें तुमको पी कर क्या क्या देखा
'फ़ाकिर' जैसे शायर और ग़ज़लों जैसे लोग

(गायक : निर्मल उधास)

58

मिट मिट के राहे इश्क़ में बनता नहीं हूँ मैं
ऐ दोस्त आदमी हूँ घरौंदा नहीं हूँ मैं

बे-ख़ौफ़ हो के खेल मेरी ज़िन्दगी से तू
अपनों को भी डुबो दे जो दरिया नहीं हूँ मैं

पीने के बाद मेरी खताएँ ''नहीं नहीं''
उस वक़्त अपने आप में होता नहीं हूँ मैं

दुनिया के मैकदे में गुरूर-ए-शराब हूँ
टूटे जो ठोकरों से वो प्याला नहीं हूँ मैं

अश्कों के काफ़िले हैं ग़मों के हजूम भी
'फ़ाकिर' वफ़ा के शहर में तन्हा नहीं हूँ मैं

59

एक सपनों का घर और घर में तुम्हें हम बसा लें तो कैसा रहेगा
एक फूलों का घर और उसमें तुम्हें हम सजा लें तो कैसा रहेगा

सारी दुनिया के ग़म क्यों तुम्हारे लिए काम छोड़ो भी कोई हमारे लिए
प्यार की राह में ग़म के काँटे हैं जो हम उठा लें तो कैसा रहेगा

शाम की शोखियाँ, रात की मस्तियाँ, जी के देखो ज़रा, ज़िन्दगी है यहाँ
इन महकते हुए गेसुओं में तुम्हें हम छुपा लें तो कैसा रहेगा

(गायक : चित्रा सिंह)

60

उल्फ़त का जब किसी ने लिया नाम रो पड़े
अपनी वफ़ा का सोच के अंजाम रो पड़े

हर शाम ये सवाल मुहब्बत से क्या मिला
हर शाम ये जवाब के हर शाम रो पड़े

राह-ए-वफ़ा में हमको ख़ुशी की तलाश थी
दो गाम ही चले थे के हर गाम रो पड़े

रोना नसीब में है तो औरों से क्या गिला
अपने ही सर लिया कोई इल्ज़ाम रो पड़े

(गायक : जगजीत सिंह)

61

चराग़-ओ-आफ़ताब[1] गुम बड़ी हसीन रात थी,
शबाब की नक़ाब गुम बड़ी हसीन रात थी।

मुझे पिला रहे थे वो कि ख़ुद ही शमा बुझ गई,
गिलास गुम, शराब गुम, बड़ी हसीन रात थी।

लिखा था जिस किताब में कि इश्क़ तो हराम है
हुई वही किताब गुम बड़ी हसीन रात थी।

लबों से लब जो मिल गए, लबों से लब ही सिल गए
सवाल गुम, जवाब गुम, बड़ी हसीन रात थी।

(गायक : जगजीत सिंह)

---

1. दीपक/दीया और सूरज

62

ढल गया आफ़ताब ऐ साकी
ला पिला दे शराब ऐ साकी

या सुराही लगा मेरे मुँह से
या उलट दे नकाब ऐ साकी

मैकदा छोड़ कर कहाँ जायें
है ज़माना ख़राब ऐ साकी

जाम भर दे गुनाहगारों के
ये भी है इक सवाब ऐ साकी

आज पीने दे और पीने दे
कल करेंगे हिसाब ऐ साकी

(गायक : जगजीत सिंह)

63

शायद मैं ज़िन्दगी की सहर लेके आ गया
क़ातिल को आज अपने ही घर लेके आ गया

ता-उम्र ढूँढता रहा मंज़िल मैं इश्क़ की
अंजाम ये कि गर्द-ए-सफ़र लेके आ गया

नश्तर है मेरे हाथ में, कांधों पे मैक़दा
लो मैं इलाज-ए-दर्द-ए-जिगर लेके आ गया

'फ़ाकिर' सनमकदे[1] में न आता मैं लौटकर
इक ज़ख़्म भर गया था इधर लेके आ गया

(गायक : जगजीत सिंह)

---

1. सनमकदे = मन्दिर, बुतखाना, (सनम का घर)

64

कभी तुमको भी एहसास-ए-मोहब्बत हो तो आ जाना
किसी टूटे हुए दिल की ज़रूरत हो तो आ जाना

हमारा दिल तुम्हारी याद में दिन रात जलता है
तुम्हारी भी अगर ऐसी ही हालत हो तो आ जाना

ज़माना प्यार का दुश्मन तुम्हें आने नहीं देगा
मगर कोई कभी आने की सूरत हो तो आ जाना

तुम अपने दिल के मालिक हो तुम्हें हम कुछ नहीं कहते
न जी चाहे तो मत आना, तबीयत हो तो आ जाना

65

दिल के दीवार-ओ-दर पे क्या देखा
बस तेरा नाम ही लिखा देखा

तेरी आँखों में हमने क्या देखा
कभी क़ातिल कभी ख़ुदा देखा

अपनी सूरत लगी पराई सी
जब कभी हमने आईना देखा

हाय अंदाज़ तेरे रुकने का
वक़्त को भी रुका रुका देखा

तेरे जाने में और आने में
हमने सदियों का फ़ासला देखा

फिर न आया ख़याल जन्नत का
जब तेरे घर का रास्ता देखा

(गायक : जगजीत सिंह, चित्रा सिंह)

66

यहाँ वफ़ा की कीमत, न थी न है न होगी
तुम्हें मेरी ज़रूरत, न थी न है न होगी

ये शहरे ज़िन्दगी है, के मुजरिमों की बस्ती
यहाँ कोई अदालत, न थी न है न होगी

शराब पी के ज़ाहिद, ज़मीं लगे है जन्नत
मगर न कोई जन्नत, न थी न है न होगी

ये कैद-ऐ-ज़िन्दगी है, यहाँ कभी किसी को
रिहाई की इजाज़त, न थी न है न होगी

ये मयकदा है फ़ाकिर ये राहतों का घर है
यहाँ कोई मुसीबत, न थी न है न होगी

(गायक : पंकज उधास)

67

जब भी तन्हाई से घबरा के सिमट जाते हैं
हम तेरी याद के दामन से लिपट जाते हैं

उन पे तूफ़ाँ को भी अफ़सोस हुआ करता है
वो सफ़ीने[1] जो किनारों पे उलट जाते हैं

हम तो आए थे राहे-शाख़ में फूलों की तरह
तुम अगर ख़ार समझते हो तो हट जाते हैं

(गायक : चित्रा सिंह)

---

1. सफ़ीने = कश्ती, नाव

68

ये बेरुख़ी न दिखाओ के रात जाती है
नक़ाब रुख़ से उठाओ के रात जाती है

शब-ए-विसाल भी ऐ दोस्त ख़ामोशी क्यूँ है
कोई तो बात सुनाओ के रात जाती है

जो मैकदे में नहीं मय तो क्या हुआ साक़ी
सुबू[1] ही धो के पिलाओ के रात जाती है

वो एक शब के लिए मेरे घर में आए हैं
सितारे तोड़ के लाओ के रात जाती है

(गायक : राजकुमार रिज़वी)

---

1. सुबू = शराब का बर्तन

69

ग़म बढ़े आते हैं क़ातिल की निगाहों की तरह
तुम छुपा लो मुझे, ऐ दोस्त, गुनाहों की तरह

अपनी नज़रों में गुनहगार न होते, क्यूँकर
दिल ही दुश्मन है मुख़ालिफ़ के गवाहों की तरह

हर तरफ़ ज़ीस्त[1] की राहों में कड़ी धूप है दोस्त
बस तेरी याद के साये हैं पनाहों की तरह

जिनकी ख़ातिर कभी इल्ज़ाम उठाए, 'फ़ाकिर'
वो भी पेश आए हैं इन्साफ़ के शाहों की तरह

(गायक : जगजीत सिंह)

---

1. ज़ीस्त = ज़िन्दगी

70

ना मोहब्बत ना दोस्ती के लिए
वक़्त रुकता नहीं किसी के लिए

दिल को अपने सज़ा ना दे यूँही
इस ज़माने की बेरुखी के लिए

कल जवानी का हश्र क्या होगा
सोच ले आज दो घड़ी के लिए

हर कोई प्यार ढूँढ़ता है यहाँ
अपनी तनहा सी ज़िन्दगी के लिए

वक़्त के साथ साथ चलता रहे
यही बेहतर है आदमी के लिए

(गायक : जगजीत सिंह)

फ़ाकिर साहब के दोस्त और बॉलीवुड के सितारे फ़िरोज़ ख़ान साहब की यह पसंदीदा ग़ज़ल थी। जब उन्हें ज़ी सिने लाइफ़टाइम एचीवमेंट अवॉर्ड मिला तो उन्होंने फ़ाकिर साहब का नाम लेते हुए इसी ग़ज़ल का मुखड़ा सुनाया।

71

हम तो यूँ अपनी ज़िन्दगी से मिले
अजनबी जैसे अजनबी से मिले

हर वफ़ा एक जुर्म हो गोया[1]
दोस्त कुछ ऐसी बेरुख़ी से मिले

फूल ही फूल हम ने माँगे थे
दाग़ ही दाग़ ज़िन्दगी से मिले

जिस तरह आप हम से मिलते हैं
आदमी यूँ न आदमी से मिले

(गायक : जगजीत सिंह)

---

1. मानो, जैसे

72

ज़िन्दगी कुछ भी नहीं फिर भी जिए जाते हैं
तुझ पे ए वक़्त हम एहसान किये जाते हैं

कुछ तो हालात ने मुज़रिम हमें ठहराया है
और कुछ आप भी इल्ज़ाम दिए जाते हैं

छीन ली वक़्त ने उल्फ़त के ग़मों की दौलत
ख़ाली दामन है वो ही साथ लिए जाते हैं

ज़िन्दगी क्या है कोई चाक-ए-कफ़न है 'ख़ाकिर'
उम्र के हाथों से हम जिसको सिये जाते हैं

(गायक : बेगम अख़्तर)

नज़्में और गीत

कागज़ की कश्ती

ये दौलत भी ले लो, ये शौहरत भी ले लो,
भले छीन लो मुझसे मेरी जवानी।
मगर मुझको लौटा दो बचपन का सावन,
वो कागज़ की कश्ती, वो बारिश का पानी।
मोहल्ले की सबसे निशानी पुरानी,
वो बुढ़िया जिसे बच्चे कहते थे नानी,
वो नानी की बातों में परियों का डेरा,
वो चेहरे की झुर्रियों में सदियों का फेरा,
भुलाए नहीं भूल सकता है कोई,
वो छोटी-सी रातें वो लम्बी कहानी।

कड़ी धूप में अपने घर से निकलना
वो चिड़िया, वो बुलबुल, वो तितली पकड़ना,
वो गुड़िया की शादी पे लड़ना-झगड़ना,
वो झूलों से गिरना, वो गिर के सँभलना,
वो पीपल के पत्तों के प्यारे-से तोहफ़े,
वो टूटी हुई चूड़ियों की निशानी।

कभी रेत के ऊँचे टीलों पे जाना
घरौंदे बनाना,बना के मिटाना,
वो मासूम चाहत की तस्वीर अपनी,

→

वो ख़्वाबों खिलौनों की जागीर अपनी,

न दुनिया का ग़म था, न रिश्तों के बंधन,

बड़ी खूबसूरत थी वो ज़िन्दगानी।

(गायक : जगजीत सिंह)

 फ़ाकिर साहब की सबसे लोकप्रिय ग़ज़ल रही 'वो काग़ज़ की कश्ती' की फ़रमाइश होती थी। यह आज भी बेहद लोकप्रिय है। इस ग़ज़ल में उनके अपने बचपन की झलक दिखती है। बचपन से ही फ़ाकिर साहब बड़े अलग स्वभाव के थे। अपने परिवार से भी बहुत कम बोलते थे। पढ़ाई में मन कभी नहीं लगा लेकिन ऐसा भी नहीं था कि पढ़ाई छोड़ दी हो। हाँ, स्कूल से कभी-कभी बंक मार लिया करते थे। फ़िरोज़पुर के रत्तेवाली गाँव में ही इनका बचपन बीता। वहाँ शहर के पास ही नहर बहती है। एक दिन स्कूल न जाकर नहर की ओर चल दिए और एक जगह थककर बैठे तो काग़ज़ की कश्ती बनाई और पानी में फेंक दी। इतने में बारिश आ गई तो कश्ती गीली होकर डूब गई। फिर पास के एक टीले पर जा बैठे और रेत का घरौंदा बनाया। चूँकि स्कूल का टाइम पूरा होने पर ही घर जा सकते थे। यह बात तब की है जब वह सातवीं में पढ़ते थे। इसी तरह की बेफ़िक्री उनके मन में घर कर गई। बचपन की ये यादें मन में बसी रहीं और बाद में ग़ज़ल के रूप में सामने आयीं। ग़ज़ल में शब्द हैं...वो बुढ़िया, जिसे बच्चे कहते थे नानी...यह भी उनके घर पर काम करने वाली बुढ़िया थी जिसे वे स्वयं बचपन में नानी पुकारा करते थे।

मुंबई में जब सुदर्शन फ़ाकिर बड़ी तंगी में रहे। काफ़ी संघर्ष भरा दौर था वो...उसमें उन्हें अपने बचपन के बेफ़िक्री के पल, वो दोस्त याद आते थे, उन्हीं के लिए उन्होंने लिखा था...'ये दौलत भी ले लो, ये शौहरत भी ले लो, भले छीन लो मुझ से मेरी जवानी, मगर मुझ को लौटा दो, बचपन का सावन, वो काग़ज़ की कश्ती वो बारिश का पानी।'

ये शीशे ये सपने

ये शीशे ये सपने ये रिश्ते ये धागे
किसे क्या ख़बर है कहाँ टूट जायें
मुहब्बत के दरिया में तिनके वफ़ा के
न जाने ये किस मोड़ पर डूब जायें

अजब दिल की वादी अजब दिल की बस्ती
हर इक मोड़ मौसम नई ख़्वाहिशों का
लगाये हैं हम ने भी सपनों के पौधे
मगर क्या भरोसा यहाँ बारिशों का

मुरादों की मंज़िल के सपनों में खोये
मुहब्बत की राहों पे हम चल पड़े थे
ज़रा दूर चल कर जब आँखें खुलीं तो
कड़ी धूप में हम अकेले खड़े थे

जिन्हें दिल से चाहा जिन्हें दिल से पूजा
नज़र आ रहे हैं वही अजनबी से
रवायत है शायद ये सदियों पुरानी
शिकायत नहीं है कोई ज़िन्दगी से

(गायक : जगजीत सिंह)

शायद मैं पलट आऊँ, दरवाज़ा खुला रखना

शायद मैं पलट आऊँ, दरवाज़ा खुला रखना
हाथों की लकीरों में, थोड़ी सी जगह रखना

फ़रियाद मोहब्बत की तड़पायेगी आखिर तो
ये जान अकेले में घबरायेगी आखिर तो
आपस की ये रंजिश है मिट जाएगी आखिर तो
चाहत के घरौंदों को तुम यूँही सजा रखना

सब लोग ये पूछेंगे क्यों तुमसे ख़फ़ा हूँ मैं
एक बार वफ़ा करके क्यों तुझसे जुदा हूँ मैं
बख़्शा न जिसे तुमने क्या ऐसी खता हूँ मैं
उम्मीद के आँगन में एक शमा जला रखना

मुमकिन है मैं खत लिखूँ अश्क़ों में जो डूबा हो
उस खत की सियाही में जज़्बात का दरिया हो
मिलने की तमन्ना है हर लफ़्ज़ ये कहता हो
गुज़रे हुए लम्हों को सीने से लगा रखना

(गायक : कविता पौडवाल, जसवंत सिंह)

उस मोड़ से शुरू करें

उस मोड़ से शुरू करें फिर ये ज़िन्दगी
हर शै जहाँ हसीन थी, हम तुम थे अजनबी

लेकर चले थे हम जिन्हें जन्नत के ख़्वाब थे
फूलों के ख़्वाब थे वो मुहब्बत के ख़्वाब थे
लेकिन कहाँ है इनमें वो पहली सी दिलकशी

रहते थे हम हसीन ख़यालों की भीड़ में
उलझे हुए हैं आज सवालों की भीड़ में
आने लगी है याद वो फ़ुर्सत की हर घड़ी

शायद ये वक़्त हमसे कोई चाल चल गया
रिश्ता वफ़ा का और ही रंगों में ढल गया
अश्कों की चाँदनी से थी बेहतर वो धूप ही

(गायक : जगजीत सिंह, चित्रा सिंह)

मेरी तरह तू किसी बेवफ़ा से प्यार करे

मेरी तरह तू किसी बेवफ़ा से प्यार करे
तुझे वो दिल से भुला दे तू इंतज़ार करे

तू पूछता फिरे उसका पता बहारों से
जवाब तक न मिले तुझको रहगुज़रों से
हर एक मोड़ पे वो तुझको बेक़रार करे

तू दुश्मनों की मोहब्बत में दोस्ती ढूँढे
ग़मों के शहर में जैसे कोई ख़ुशी ढूँढे
तेरा सितम कभी तुझको भी अश्क़ वार करे

तेरे गुरूर की नज़रें झुकी झुकी सी रहें
तेरी उम्मीद की किरण बुझी बुझी सी रहे
उसे तू पा न सके कोशिशें हज़ार करे

(गायक : अनुराधा पौडवाल)

तेरी आँखें हैं मंज़िल, मेरे सपने हैं मुसाफ़िर

तेरी आँखें हैं मंज़िल, मेरे सपने हैं मुसाफ़िर
इनको मिलना है एक दिन मिल ही जायेंगे आख़िर

रिमझिम हा हा रिमझिम
रिमझिम बरसात होती रहे,
प्यारी प्यारी वही प्यारी प्यारी
प्यारी हर बात होती रहे,
प्यार का गीत हूँ मैं, गीत का साज़ तू है
मैं हूँ ख़ामोश नग्मा, मेरी आवाज़ तू है

नहीं नहीं अभी नहीं
वो रात आई नहीं, वो रात आई नहीं
छुई मुई नहीं हुई
बारात आई नहीं,
ये हैं रस्मों की बातें, मेरी तक़दीर तू है
मेरे दिल में जो उतरी, वही तस्वीर तू है

(गायक : अनुराधा पौडवाल, सुरेश वाडकर)

सदियाँ बीती कोई न जाना

सदियाँ बीतीं कोई न जाना
इश्क़ किसी से कब होता है
इश्क़ है यारा देन खुदा की
हो जाने दे जब होता है
जग में क्या था रब से पहले
इश्क़ था शायद सबसे पहले

जिनको मिलना है खुदा उनको मिला देता है
फिर उन्हें इश्क़ की तस्वीर बना देता है
चाहने वाले अगर दिल से दुआ माँगें तो
दौलत-ए-इश्क़ वो इंसा पे लुटा देता है
इश्क़ बिना सब नामुमकिन है
इश्क़ में लेकिन सब होता है

बन के आशिक तू मोहब्बत की अदा को छू ले
अपने महबूब के दामन की हवा को छू ले
आसमां इश्क़ में धरती पे उतर आता है
इश्क़ में डूब के ऐ यार खुदा को छू ले
इश्क़ को आशिक रब समझे तो
इश्क़ मुकम्मल तब होता है

(गायक : गुरदास मान)

पंजाब और बॉलीवुड के मशहूर सिंगर, एक्टर, राइटर गुरदास मान का यह पहला हिन्दी गाना है जो उन्होंने फ़िल्म 'पत्थर दिल' के लिए गाया था।

कोई साज़ छेड़ो कोई गीत गाओ

कोई साज़ छेड़ो कोई गीत गाओ
अभी तुम हसीं ख्वाब बुनती ही जाओ
मैं मंज़िल पे पहुँचा तो आवाज़ दूँगा
आवाज़ दूँगा

तुम उल्फ़त की राहों पे कैसे चलोगी
ये उल्फ़त की राहें हैं काँटों की राहें
कहीं छिल न जाएँ ये नाज़ुक से पाँव
कहीं थक न जाएँ ये रेशम सी बाँहें

तुम्हारा बदन नरम फूलों की चादर
मगर राह-ए-उल्फ़त में जलती फ़िज़ाएँ
पिघल ही न जाए यह पायल तुम्हारी
ये नग़मे मोहब्बत के जल ही न जाएँ

निभेंगी न तुमसे मोहब्बत की रस्में
न वादे करो तुम न क़समें भी खाओ
ये संगीन घड़ियाँ गुज़र जाएँ हमदम
फिर इन रास्तों पर कदम ये बढ़ाओ

(गायक : शैलेन्द्र सिंह)

ज़िन्दगी मेरे घर आना

ज़िन्दगी ज़िन्दगी मेरे घर आना – आना ज़िन्दगी
ज़िन्दगी ओ ज़िन्दगी मेरे घर आना – आना ज़िन्दगी

मेरे घर का सीधा सा इतना पता है
ये घर जो है चारों तरफ़ से खुला है
न दस्तक ज़रूरी, न आवाज़ देना
मेरे घर का दरवाज़ा कोई नहीं है
हैं दीवारें गुम और छत भी नहीं है
कड़ी धूप है दोस्त
कड़ी धूप है दोस्त
तेरे आंचल का साया चुरा के जीना है, जीना
जीना ज़िन्दगी, ज़िन्दगी

मेरे घर का सीधा सा इतना पता है
मेरे घर के आगे मुहब्बत लिखा है
न दस्तक ज़रूरी, न आवाज़ देना
मैं साँसों की रफ़्तार से जान लूँगी
हवाओं की खुशबू से पहचान लूँगी
तेरा फूल हूँ दोस्त
तेरी भूल हूँ दोस्त
तेरे हाथों में चेहरा छुपा के जीना है जीना
जीना ज़िन्दगी, ज़िन्दगी

मगर अब जो आना तो धीरे से आना
यहाँ एक शहज़ादी सोई हुई है
ये परियों के सपनों में खोई हुई है
बहुत ख़ूब है ये, तेरा रूप है ये
तेरे आंगन में तेरे दामन में
तेरी आँखों पे तेरी पलकों पे
तेरे कदमों में इसको बिठाके
जीना है, जीना है जीना ज़िन्दगी, ज़िन्दगी

(गायक : भूपेन्द्र सिंह)

इश्क़ से गहरा कोई न दरिया

इश्क़ से गहरा कोई न दरिया

डूब गया जो उसका पता क्या

लैला जाने मजनूं जाने

हीर ये जाने रांझा जाने

तू क्या जाने दीवाने ये बातें तू क्या जाने

छोड़ के कुटिया बन बन घूमें

आशिक़ भी जोगी होते हैं

ये ज़ख्मों की ओढ़ के चादर

काँटों की सेज पे सोते हैं

वारिस जाने बुल्ला जाने

अल्लाह जाने मौला जाने

तू क्या जाने दीवाने ये बातें तू क्या जाने

इश्क़ से महंगा कोई न सौदा

कौन खरीदे दर्द पराया

फिर भी गाये यार फ़कीरा

इश्क़ है प्यारे नाम खुदा का

शीरी जाने फरहाद ये जाने

सोहनी जाने महिवाल ये जाने

तू क्या जाने दीवाने ये बातें तू क्या जाने

(गायक : विनोद सहगल)

गायक विनोद सहगल का पहला गाना, 'तू क्या जाने दीवाने' फ़िल्म 'रावण'
से जिसका संगीत जगजीत सिंह ने दिया था, फ़ाकिर साहब का ही लिखा था।

मोहे आज न देखो हरजाई

मोहे आज न देखो हरजाई
मैं घर पे चुनरिया भूल आई

मुआ बादल मोहे ताड़े
इन अँखियों में अँखिया गाड़े
मैं तो आज फिरूँ रे घबराई

अर्ज गुज़ारूँ सुन रे कलाई
आज न लेना हाय अंगड़ाई
मैं तो आज फिरूँ रे घबराई
मैं घर पे चुनरिया भूल आई

लाऊँ कहाँ से अब मैं चुनरिया
दूर है गाँव बन्द बजरिया
मैं तो इन गलियों में क्यूँ आई
मैं घर पे चुनरिया भूल आई

(गायक : चित्रा सिंह)

आज तुमसे बिछड़ रहा हूँ मैं

आज तुमसे बिछड़ रहा हूँ मैं
आज कहता हूँ फिर मिलूँगा तुम्हें
तुम मेरा इंतज़ार करते रहो
आज का ऐतबार करते रहो

लोग कहते हैं वक़्त चलता है
और इंसान भी बदलता है
काश रुक जाये वक़्त आज की रात
और बदले न कोई आज की बात

वक़्त बदले ये दिल न बदलेगा
तुमसे रिश्ता कभी न टूटेगा
तुम ही खुशबू हो मेरी साँसों की
तुम ही मंज़िल हो मेरे सपनों की

लोग बुनते हैं प्यार के सपने
और सपने बिखर भी जाते हैं
एक एहसास ही तो है ये वफ़ा
और एहसास मर भी जाते हैं

(गायक : जगजीत सिंह, चित्रा सिंह)

फिर आज मुझे तुमको बस इतना बताना है

फिर आज मुझे तुमको बस इतना बताना है
हँसना ही जीवन है हँसते ही जाना है

मधुबन हो या गुलशन हो पतझड़ हो या सावन हो
हर हाल में इन्सां का इक फूल सा जीवन हो
काँटों में उलझ के भी ख़ुशबू ही लुटाना है
हँसना ही जीवन है हँसते ही जाना है

हर पल जो गुज़र जाये दामन को तो भर जाये
ये सोच के जी लें तो तक़दीर संवर जाये
इस उम्र की राहों से ख़ुशियों को चुराना है
हँसना ही जीवन है हँसते ही जाना है

सब दर्द मिटा दें हम हर ग़म को सज़ा दें हम
कहते हैं जिसे जीना दुनिया को सिखा दें हम
ये आज तो अपना है कल भी अपनाना है
हँसना ही जीवन है हँसते ही जाना है

(गायक : जगजीत सिंह)

यह गाना फ़ाकिर साहब ने अपने बेटे के लिए लिखा था।

किस मौसम में

किस मौसम में
किस मौसम में
या रब तूने ये दिल तोड़ा
किस मौसम में

मत पूछो क्या सोच रहा हूँ
खुद में खुद को ढूँढ रहा हूँ
चेहरा रोशन दिल है बुझा सा
लगता हूँ मैं खुद से जुदा सा
चारों तरफ़ है जिन में अँधेरा
उन राहों से रिश्ता जोड़ा

फ़नकारों की किस्मत क्या है
ग़म के अलावा दौलत क्या है
दिल में है फूलों की हसरत
कन्धों पर है ग़म का पर्वत
जिन में खिज़ाँ और सूखे पत्ते
उन राहों पर लाकर छोड़ा

(गायक : कुमार सानू)

कुमार सानू द्वारा गाया यह गाना जिसका संगीत जगजीत सिंह ने दिया था। कुमार सानू का कहना था कि यह उनकी ज़िन्दगी का एक चुनौतीपूर्ण गाना था।

स्वर्गीय एक्टर राजेश खन्ना ने जब यह गीत सुना तो तुरंत फ़ाकिर साहब से मिलने की बात कही, वो अपनी ज़िन्दगी को इस गाने से जोड़ कर देखते थे। राजेश खन्ना की ज़िन्दगी के इस दौर में उनके पास अच्छी फ़िल्में भी नहीं थीं और पारिवारिक सुख भी नहीं था। दुख परेशानी, उदासी के उन दिनों में वे फ़ाकिर साहब से मिले। जब उन्होंने अपनी दर्द की दास्तां बताई और उन्हें कहा कि मेरे लिए कोई ग़ज़ल लिखो। इस पर फ़ाकिर साहब ने उन्हें ये ग़ज़ल सुनाई थी। सुनकर राजेश खन्ना कहने लगे कि ये तो मानो तुमने मेरे लिए ही लिखी है। इसी ग़ज़ल को फ़िल्म 'ख़ुदाई' में उन पर फ़िल्माया भी गया है और कुमार सानू ने उतनी ही दर्द भरी आवाज़ में गाया भी। दिखाया भी ऐसा ही गया कि आंधी-तूफ़ान में आदमी बिलकुल अकेला है। राजेश खन्ना इस गीत के बाद फ़ाकिर साहब के काफ़ी करीब हो गए थे।

तेरे सपने मेरे सपने

तेरे सपने मेरे सपने
मेरे सपने तेरे सपने
अपने सपने प्यार के सपने
सपनों की उँगली थाम के चलना
सपनों की उँगली थाम के चलना

और किसी के हो न जाएँ
चलते चलते खो न जाएँ
रात की जागी सो न जाए
आस के सपने प्यास के सपने
दूर के सपने पास के सपने
सात समंदर पार के सपने

एक भी सपना टूट न जाए
रात की दुल्हन रूठ न जाए
धूप है बैरन लूट न जाये
तेरे लबों के जाम के सपने
महके महके शाम के सपने
इन बाँहों के हाथ के सपने

(गायक : चित्रा सिंह, सुरेश वाडकर)

हमने घरौंदे जब थे बनाये

हमने घरौंदे जब थे बनाये
दरवाज़े कब उनको लगाए
भरोसे अच्छे थे वो घरौंदे के
अब यह हक़ीक़त समझ में आयी
हाय रे किस्मत हमें कहाँ लायी
देख ली हमने तेरी खुदाई

अपनी बस्ती लोग भी अपने
फिर क्यों टूटे दिल के सपने
कश्ती डूबे आ के कहाँ पे
न जहाँ तूफ़ाँ, न गहरायी

बूँद से सागर ने मुँह मोड़ा
फूल का माली ने दिल तोड़ा
कच्चे धागे रिश्ते सारे
कैसी यह तूने दुनिया बनायी

दिल फिर दिल था वक़्त से हारा
वर्ना क्या है जुलम हमारा
अपनी सफ़ाई पेश करें क्या
कोई अदालत न सुनवाई

(गायक : आशा भोंसले)

किसी गाँव में

किसी गाँव में एक हसीना थी कोई
वो सावन का भीगा महीना थी कोई
जवानी भी उस पर बड़ी मेहरबाँ थी
मोहब्बत ज़मीन है तो वो आसमाँ थी
वो अब तक है ज़िन्दा वो अब तक जवाँ है
किताबे मोहब्बत की वो दास्ताँ है

उसे देख कर मोम होते थे पत्थर
मगर हमसे पूछो न उसका मुकद्दर
नगर की बहू वो बनायी गयी थी
अलग उसकी महफ़िल सजायी गयी थी
वो गाँव के लड़कों को चाहत सिखाती
सबक वो मोहब्बत का उनको पढ़ाती
मगर वक्त कोई नया रंग लाया
न पूछो कहानी में क्या मोड़ आया
हुआ प्यार उसको किसी नौजवाँ से
नतीजा न पूछो हमारी जुबाँ से
मोहब्बत की राहों पे जिस दिन चली वो
ज़माने की नज़रों में मुजरिम बनी वो
नसीबों में उसके मोहब्बत नहीं थी
मोहब्बत थी उसको इज़्ज़त नहीं थी
ज़माने ने आखिर उसे जब सज़ा दी
हसीना ने अपनी ये जाँ तक लुटा दी

वही आसमाँ है वही ये ज़मीं है
जवाँ वो हसीना कहीं भी नहीं है
मगर रूहे उल्फ़त की मंज़िल जुदा है
मोहब्बत की दुनिया का अपना खुदा है
वो अब तक है ज़िन्दा वो अब तक जवाँ है
किताबे मोहब्बत की वो दास्ताँ है
किसी गाँव में एक हसीना थी कोई
वो सावन का भीगा महीना थी कोई

(गायक : दिलराज कौर)

प्यार के आगे

दुनिया क्या है, दौलत क्या है
सागर क्या है पर्वत क्या है
सब झुकते हैं प्यार के आगे
प्यार झुके बस दिलदार के आगे

तू है तिनका प्यार समंदर
मिट जायेगा मेरे सिकन्दर
तू क्या जाने हवस का पारा
प्यार जहाँ में कभी न हारा

ये तेरे जैसे लाख लुटेरे
लूट सके न रूप को मेरे
प्यार ने तोड़े शाम सवेरे
पाप के बंधन पाप के घेरे

प्यार दवा है प्यार है खंजर
प्यार मसीहा प्यार सिकंदर
प्यार से जो भी टकराता है
टुकड़े टुकड़े हो जाता है

(गायक : सिम्मी सिन्हा)

कहती है बिंदिया

कहती है बिंदिया बोल रे निंदिया
फूलों की झड़ी थी ज़रा आँख लगी थी
देखो दिलबर मेरा खो गया
हाय रे यह क्या हो गया
हाय रे यह क्या हो गया

सपनों में खोयी पायल
कुछ भी तो न बोली पायल
सपनों में खोयी पायल
कुछ भी तो न बोली पायल
कोई गीत सुनाती मेरी नींद उड़ाती
कोई गीत सुनाती मेरी नींद उड़ाती

मेरी चूड़ी निकली सौतन
यह रात भी हो गयी बैरन
मेरी चूड़ी निकली सौतन
यह रात भी हो गयी बैरन
चूड़ी भी न खनकी
बिजली भी न चमकी
चूड़ी भी न खनकी

महका था बालों में गजरा
बहका था आँखों में कजरा
रोका न किसी ने टोका न किसी ने
देखो दिलबर मेरा खो गया
हाय रे यह क्या हो गया

(गायक : आशा भोंसले)

बरसात के मौसम में

बरसात के मौसम में
तन्हाई के आलम में
मैं घर से निकल आया
बोतल भी उठा लाया
अभी ज़िन्दा हूँ तो जी लेने दो
भरी बरसात में पी लेने दो

मुझे टुकड़ों में नहीं जीना है
कतरा कतरा तो नहीं पीना है
आज पैमाने हटा दो यारो
सारा मैखाना पिला दो यारो
मैकदों में तो पिया करता हूँ
चलती राहों में भी पी लेने दो

मेरे दुश्मन हैं ज़माने के ग़म
बाद पीने के ये होंगे कम
जुल्म दुनिया के न सह पाऊँगा
बिन पिए आज न रह पाऊँगा
मुझे हालात से टकराना है
ऐसे हालात में पी लेने दो

आज की शाम बड़ी बोझल है
आज की रात बड़ी कातिल है

आज की शाम ढलेगी कैसे
आज की रात कटेगी कैसे
आग से आग बुझेगी दिल की
मुझे यह आग भी पी लेने दो

(गायक : कुमार सानू, रूप कुमार राठौड़)

इस दुनिया में औरत क्या है

इस दुनिया में औरत क्या है
दो लफ़्ज़ों की एक कहानी
दिल में ममता आँख में पानी

सदियों से ये ग़म की चिताएँ
चेहरा ख़ुशी का ढूँढ रही हैं
हर औरत है हीर गवाह की
वारिस अपना ढूँढ रही है

खेल खिलौने छोड़ के आयी
बाबुल का घर भूल न पायी
मुड़कर पीछे जब देखा तो
हर औरत का दिल भर आये

इसकी इज़्ज़त काँच की चूड़ी
और ज़माना बेदिल पत्थर
जाने किस पत्थर ने लिखा
औरत का बेनूर मुक़द्दर

अंगारों से मांग सजायी
फूट के रोई हर शहनाई
बिंदिया वाली माथे पे यह
कैसे लेख लिखा के आयी

(गायक : आशा भोंसले)

तू भी लुटा दे

तू भी लुटा दे मैं भी लुटा दूँ
ये वैसे भी तो ये वैसे भी तो लुट जाएगी
तेरी जवानी मेरी जवानी तेरी जवानी मेरी जवानी

भीगा है तन मन छलका जोबन

ऐसे में प्यासा मत जा साजन

होंठों से पी ले नैनों से पी ले

ये वैसे भी तो ढल जाएगी

ढूँढ रही है तेरी जवानी मेरे जैसी एक मस्तानी

ढूँढ रही है तेरी जवानी मेरे जैसी एक मस्तानी

तू न मिला तो सोच ले बलमा तू न मिला तो सोच ले बलमा

ये दीवानी डूब जाएगी ये दीवानी डूब जाएगी

बाँहों में अपनी खो जाने दे होता है जो हो जाने दे

बाँहों में अपनी खो जाने दे होता है जो हो जाने दे

गालों की सुर्खी होंठों की लाली गालों की सुर्खी होंठों की लाली

ये वैसे भी तो उड़ जाएगी

(गायक : आशा भोंसले)

खोटा पैसा नहीं चलेगा खोटा पैसा नहीं चलेगा

खोटा पैसा नहीं चलेगा खोटा पैसा नहीं चलेगा
नहीं चला है नहीं चलेगा नहीं चला है नहीं चलेगा

खोटा पैसा नहीं चलेगा
अन्धे के पास चला दूँ तो
अन्धे के पास चला दूँ तो
बूढ़े को मय पिला दूँ तो
एक दो दांग तो भर सकता है
फिर भी ये क्या कर सकता है
जहाँ भी पहुँचा वहीं रहेगा जहाँ भी पहुँचा वहीं रहेगा
खोटा पैसा नहीं चलेगा नहीं चला है नहीं चलेगा

चंदे में इंसान को दे दो
मंदिर में भगवान को दे दो
चंदे में इंसान को दे दो
मंदिर में भगवान को दे दो
असली बाबा कह जायेगा
मंदिर में रह जायेगा
पाप लगेगा पाप लगेगा क्या पाओगे
खाली झोली ले आओगे
पाप का भोंपू नहीं बजा है नहीं बजेगा
काला धंधा नहीं चला है नहीं चलेगा
खोटा पैसा नहीं चलेगा नहीं चला है नहीं चलेगा

चोर जो आये कल जो पैसा

मेज़ पे रख दो खोटा पैसा

चोर तो इसको ले जायेगा

अरे हाँ चोर तो इसको ले जायेगा

सुबह हुई तो क्या कहायेगा

सावन सूखे भादो सूखे

खोटे जग में रहेंगे खोटे

सावन सूखे भादो सूखे

खोटे जग में रहेंगे खोटे

झूठ का चूल्हा है नहीं जला है नहीं जलेगा

पाप का हलवा नहीं पका है नहीं पकेगा

खोटा पैसा नहीं चलेगा नहीं चला है नहीं चलेगा

खोटा पैसा नहीं चलेगा नहीं चला है नहीं चलेगा

(गायक ∘ रेणु मुखर्जी, प्रीति सागर, के.एन. शर्मा)

***

एक बार बेटे ने शिकायत की कि पापा आप सारे गम भरे और रोने वाले गीत क्यों लिखते हो। हम बच्चों के लिए भी तो कुछ लिखा करो। तब उन्होंने 'दूरियां' फ़िल्म के लिए 'खोटा पैसा नहीं चलेगा...' जैसा चुलबुला गीत लिखा था। यह गीत बच्चों पर ही फ़िल्माया भी गया था।

इसके अलावा फिल्म 'रावण' में स्मिता पाटिल के लिए लिखा गया गीत था, 'बस आज मुझे तुमको इतना ही बताना है। हँसना ही जीवन है, हँसते ही जाना है।'

***

हर दम दम बदम

इश्क़ की राह में
आशिक़ की है पहचान यही
जान हथेली पे कफ़न
सर पे बँधा होता है

जब जब तुझे देखूँ
जले ये दिल जले बदन
बुझे न जो लगी अगन
हर दम दम बदम
प्रेम अगन प्रेम अगन
लगी लगन लगी लगन
हर दम दम बदम

आँखों ने जो देखा है वो
ख़्वाबों में भी देखा न था
इतना बदल जायेगा
तू मैंने कभी सोचा न था

जले ये दिल जले बदन
बुझे न जो लगी अगन
बिना चुभन खिले सुमन
उड़े ज़मीन झुके गगन
हर दम दम बदम

दिल में ख़याल आता है ये
वो प्यार अपना क्या हुआ
तूने मुझे धोखा दिया
फिर भी तुझे दिल देगा दुआ
जले ये दिल जले बदन
बुझे न जो लगी अगन
कभी थी ज़िन्दगी दुल्हन
पड़ी है अब ये बेकफ़न
हर दम दम बदम
प्रेम अगन प्रेम अगन

(गायक : हरिहरन, साधना सरगम, शंकर महादेवन)

देख के तुझको

देख के तुझको सब्र न आये
गोरा बदन तेरा आग लगाए
होता है कुछ कुछ दिल में मेरे
हाल बुरा है प्यार में तेरे

देख के तुझको सब्र न आये
तन मन मेरा जलता जाये
होता है कुछ कुछ दिल में मेरे
हाल बुरा है प्यार में तेरे

तूने जब छू लिया मुझको तब यूँ लगा
बढ़ गयी प्यास फिर लग गयी आग सी
तू भी कुछ बोल दे, राज़ यह खोल दे
आग ये क्यों लगे, उफ़ ज़रा यह बुझे
तुझमें भी आग है, मुझमें भी आग है
आ बता दूँ तुझे आग कब यह बुझे

दिल से जब दिल मिलें, लब पे जब लब सिलें
तब बुझे यह अगन ऐ मेरी गुलबदन
यही है यही है यही है
प्रेम अगन, प्रेम अगन
यही है प्रेम अगन

इक हसीं आग सी अब जो तन में लगी

मुझको कुछ यूँ लगा

वक़्त भी थम गया

दिल में हलचल मची,

छा गयी बेख़ुदी

अब मेरी ज़िन्दगी लग रही है नयी

आ मुझे थाम ले प्यार का जाम ले

आग है यह अजब ढाए है यह गज़ब

कब तलक यह तलब, क्या है इसका सबब

दो ही पल में सजन, क्यूँ लगे यह अगन

यही है यही है यही है

प्रेम अगन, प्रेम अगन

(गायक : अभिजीत, प्रिसिला कोर्नर)

आखिर तुम्हें आना है

ऐ मेरी हमराज़ मुझको थाम ले
ज़िन्दगी से भाग कर आया हूँ
बारिश हो रही है
ये बारिश न होती, तो भी न आती

आखिर तुम्हें आना है..., ज़रा देर लगेगी...
बारिश का बहाना है, ज़रा देर लगेगी

जानेमन आ जाओ
तुम्हें अपना समझ कर कोई आवाज़ दे रहा है
तुमने मुझे अपना समझा ही कब
तुम तो मुझे दुश्मन समझते हो

तुम होते जो दुश्मन, तो
कोई बात ही क्या थी...
अपनो को...मनाना है ज़रा देर लगेगी

मेरी जान मेरे दर्द-ए-मोहब्बत
का कुछ ख़याल करो
सब कुछ भुला दूँ, ये
दर्द-ए-मोहब्बत भी मिटा दूँ

हम दर्द मोहब्बत का, मिटा सकते हैं लेकिन...
ये रोग...पुराना है, ज़रा देर लगेगी

ये रोमानी अंदाज़ छोड़ो,
जो कहना है वो कह डालो

ये बात नहीं वो के, मैं आते ही सुना दूँ...
सीने से, हाय, सीने से
लगाना है ज़रा देर लगेगी...
बारिश का बहाना है, ज़रा देर लगेगी

(गायक : उदित नारायण, सपना मुखर्जी)

खाते हैं कसम

खाते हैं कसम ऐ जाने सनम
हर एक जनम चाहेंगे तुमको हम
हम प्यार करें तुमसे कहते हैं ये दिल से
कहते हैं ये दिल से, हम प्यार करेंगे तुमसे
सब प्यार करने वाले
मिलते हैं इत्तिफ़ाकन
रास्तों में फूल जैसे खिलते हैं इत्तिफ़ाकन
चलो इत्तिफ़ाक ही से
ज़रा दिलबरी सिखा दो
हमें तुम गले लगा के
अब आशिक़ी सिखा दो

चाहत की राह में हम
ढूँढेंगे तुमको ऐसे
फुलवा को जैसे भँवरा
आशिक़ वफ़ा को जैसे
हम भी तुम्हें बताएँ
ढूँढेंगे तुमको कैसे
दरिया को जैसे प्यासा
बंदा ख़ुदा को जैसे

(कुमार सानू, अल्का याज्ञनिक)

दिल दिल दिल

दिल दिल दिल, दिल दिल दिल
इसके हाथों मजबूर हैं, सब क्या यह ख़ुदा ने बनाया
दरिया यह दिल का गहरा है कितना
राज़ किसने ये पाया, हाय राज़ किसने ये पाया
दिल दिल दिल, दिल दिल दिल

इस दिल के हैं रूप हज़ारों
ये पत्थर भी और कँवल भी
इसकी ख़ातिर तख़्त भी छूटे
बने हैं ताजमहल भी बने हैं ताजमहल भी
दिल दिल दिल, दिल दिल दिल

दिल दिल दिल, कहे आ के मिल
ये दूरी जो मिट जाए तो फूल से जाएँ खिल
ओ...दिल दिल दिल
कहे आ के मिल
यह दूरी जो मिट जाए तो फूल से जाएँ खिल

(गायक : चन्नी सिंह, सपना मुखर्जी)

हो जाता है कैसे प्यार

हो जाता है कैसे प्यार

न जाने कोई न जाने कोई

हल्की सी चुभन मीठी सी अगन

लग जाती क्यों यार, न जाने कोई

हो जाता है कैसे प्यार

न जाने कोई, न जाने कोई

शोख हसीना से मिलने के बाद

हो शोख हसीना से मिलने के बाद

साँसों में समा जाए उसकी ही याद

हाय यार के दीदार को

क्यूँ घड़ी घड़ी तड़पे दिल

रोग ये कैसा यार, न जाने कोई

लाख कोई सोचे, सारी सारी रात

लाख कोई सोचे, सारी सारी रात

आये न समझ यारा

राज़ भरी छोटी सी बात

कभी घबराये दिल

कभी शरमाये दिल

रोग ये कैसा यार, न जाने कोई

हो जाता है कैसे प्यार

न जाने कोई न जाने कोई

(गायक : कुमार सानू)

कौन सी बात है

कौन सी बात है दुनिया में नहीं जिसका इलाज
हमने उल्फ़त के लिए तोड़े हैं सब रस्मो-रिवाज
कौन सी बात है...

यूँ तो कहती है ये दुनिया कि मोहब्बत है ख़ुदा
फिर भी इल्ज़ाम-ए-मोहब्बत पे ही देती है सज़ा
बेगुनाह को जो सज़ा दे वो अदालत है समाज
हमने उल्फ़त के लिए तोड़े हैं सब रस्मो-रिवाज
कौन सी बात है...

अगर इंसान की सहूलत को बनी हैं रस्में
अगर इंसान की सहूलत को बनी हैं रस्में
क्यों मोहब्बत का गला घोंट रही हैं रस्में
मेल खाता नहीं रस्मों से मोहब्बत का मिज़ाज
हमने उल्फ़त के लिए तोड़े हैं सब रस्मो-रिवाज

(गायक : उदित नारायण)

कोई पिछले जनम किये

कोई पिछले जनम किये अच्छे करम
मुझे तेरे जैसा यार मिला
जिसे सागर से गहरा कह दूँ
मुझे इतना सनम से प्यार मिला
मुझे तेरे जैसा यार मिला

सूरत सीरत वाले देखे,
लेकिन दिलबर देखा न कोई
आईने और चेहरे देखे,
तुझ जैसा पर देखा न कोई
मुझे यार मिला ऐसा, नहीं कोई उस जैसा
मुझे मिला तो पहली बार मिला
मुझे तेरे जैसा यार मिला

जलता तन मन बतला देगा,
तेरे आँचल से क्या पाया है
जलता तन मन बतला देगा,
तेरे आँचल से क्या पाया है
जिसको तरसे जन्नत सारी,
मेरे सर पर वो साया है
मुझे यार मिला ऐसा, नहीं कोई उस जैसा
मुझे मिला तो पहली बार मिला
हाय, मुझे तेरे जैसा यार मिला

(गायक : उदित नारायण, कविता कृष्णामूर्ति)

शहर में गाँव में

शहर में गाँव में, धूप में छाँव में
ख़ुद को रोका बहुत, फिर भी सोचा बहुत
ज़िन्दगी कौन है, बंदगी कौन है
उफ़ तुम्हारा शबाब, दे रहा है जवाब
ज़िन्दगी हो तुम्हीं, बंदगी हो तुम्हीं

एक शहज़ादी है, नाम है शायरी
इसकी महफ़िल में है हर तरफ़ दिलकशी
शे'र सुनते रहे फिर भी उलझे रहे
शायरी कौन है दिलकशी कौन है
उफ़ तुम्हारा शबाब दे रहा है जवाब
शायरी हो तुम्हीं दिलकशी हो तुम्हीं
ज़िन्दगी हो तुम्हीं, बंदगी हो तुम्हीं

सुबह बेजान है, रोशनी जब नहीं
रात वीरान है, चाँदनी जब नहीं
हमको सब थी खबर दिल ने पूछा मगर
रोशनी कौन है, चाँदनी कौन है
उफ़ तुम्हारा शबाब दे रहा है जवाब
रोशनी हो तुम्हीं, चाँदनी हो तुम्हीं
ज़िन्दगी हो तुम्हीं, बंदगी हो तुम्हीं

(गायक : कुमार सानू)

तेरी चुन्नी पे सितारे

तेरी चुन्नी पे सितारे मुझे लगे प्यारे प्यारे
तेरे गोरे गोरे मुखड़े पे छाई लालियाँ
तू है सपनों की रानी,
तेरी चाल मस्तानी
तेरे झूम झूम
कानों में हाय नाचे बालियाँ
इसी को कहें जवानी इसी को कहें जवानी
जवानी मस्तानी हाय हाय

पहली निशानी होंठ रसीले
दूजी निशानी तेरे नैन नशीले
तीजी निशानी तेरा दिल धड़के
हाय चौथी निशानी
तू खुद बहके
इश्क़ में दे दे जो कुरबानी
इसी को कहें जवानी...

मेरे बदन में तेरी खुशबू
दर्पण देखूँ आये नज़र तू
चाहे तू कह ले मुझे दीवानी
मेरी तो बस यही कहानी
दीन धरम से हुई बेगानी
इसी को कहें जवानी...

बचपन भूले जब लड़की को
मस्ती छू ले जब लड़की को
ज़िक्र छिड़े जब मैखानों में
बात चले जब दीवानों में
जिसका चेहरा हो नूरानी
इसी को कहे जवानी...

(गायक : उदित नारायण)

बढ़ के अपनी ही ज़िन्दगी से

बढ़ के अपनी ही ज़िन्दगी से
प्यार इतना न हो किसी से

हूँ कहाँ मैं और तुम कहाँ हो
मैं ज़मीं हूँ तुम आसमाँ हो

आसमाँ क्या तुम्हारे आगे
तुम मोहब्बत की दास्ताँ हो
मेरी नज़रों में देवता हो
यूँ ही लगते हो आदमी से
प्यार इतना न हो किसी से

ये तुम्हारा बदन है ऐसे
चाँदनी में गुलाब हो जैसे
ख़ूबसूरत हो इस कदर तुम
शायरी की किताब हो जैसे
प्यार इतना न हो किसी से

मेरी बाँहों में आ गये हो
मेरे दिल में समा गये हो
आज रूह जिस्म एक जान है जैसे
हम जो कल तलक थे अजनबी से
प्यार इतना न हो किसी से

पास आओ कि मिलें हम ऐसे
मेरी साँसों पे छा गये जैसे
प्यार इतना न तुम जतलाओ
जान ही न लुटा दें हम खुशी से
प्यार इतना न हो किसी से

तू मेरी जान मेरी हो कर भी मेरी हो न सकी

तू मेरी जान मेरी हो कर भी मेरी हो न सकी
मैं तुझे पा न सका तू भी मुझे खो न सकी

तूने पूजा है मुझे और मोहब्बत की है
मैंने चाहा है तुझे तेरी इबादत की है
दो दुआओं में मोहब्बत ही खुदा हो न सकी

प्यार की शमा को जलना ही नहीं था शायद
ग़म के पत्थर को पिघलना ही नहीं था शायद
और क़िस्मत की लक्ीरों को वफ़ा धो न सकी

हमको मिल बैठ कर हँसने की इजाज़त न मिली
अपने हालात पे रोने की भी मोहलत न मिली
बद-नसीबी राह-ए-उल्फ़त में कभी सो न सकी

हमने इस प्यार से क्या माँगा था क्या पाया है
आज ये सोच के दिल दर्द से भर आया है
अपनी हालत पे ये दुनिया तो कभी रो न सकी

(गायक : शैलेन्द्र सिंह)

चाँद नज़रों में मुस्कुराया है

चाँद नज़रों में मुस्कुराया है
मेरे ख़त का जवाब आया है

बाद मुद्दत के उनका ख़त आया
एक ख़ुशबू उड़ी हवाओं में
यूँ लगा है बिखर गये जैसे
ख़त के अल्फ़ाज़ इंतज़ारों में
ज़िन्दगी में नशा सा छाया है

बेख़ुदी का अजीब आलम है
ख़त को पढ़ती हूँ झूम लेती हूँ
अपने हाथों में उनका ख़त पाकर
अपने हाथों को चूम लेती हूँ
आज अपने पे प्यार आया है
मेरे ख़त का जवाब आया है

एक एक दाग़ को सीने से मिटा सकता हूँ

एक एक दाग़ को सीने से मिटा सकता हूँ
तू जो मिल जाये तो हर ग़म भुला सकता हूँ

सारी दुनिया से मैं बेज़ार हुआ तेरे लिए
मैं खताकार गुनाहगार हुआ तेरे लिए
आह रुस्वा सर-ए-बाज़ार हुआ तेरे लिए

मेरे दिलबर मेरे महबूब-ए-ख़ुदारा आज
है मेरी बेताब तमन्ना आ जा

अपनी आँखों में बसा लूँ तेरा जलवा आज
शमा-ए-उम्मीद को मैं फिर से जला सकता हूँ

दिल के सूने मकां में तेरी याद जब

दिल के सूने मकां में तेरी याद जब
बन के मेहमां आये तो मैं क्या करूँ
तेरे दामन पर हक़ मेरा कुछ भी न था
फिर न दामन बचाये तो मैं क्या करूँ

काश बदले न मौसम न बदले फ़िज़ा
आसमाँ पे न छाये ये काली घटा
याद उनकी बहारों में आके अगर
ग़म की महफ़िल सजाये तो मैं क्या करूँ

मुझको गुज़रा ज़माना नहीं भूलता
चंद यादों से रिश्ता नहीं टूटता
मेरे रोने का कोई सबब तो नहीं
आँख यूँ ही भर आये तो मैं क्या करूँ

बोतल शराब की

शेख कहता है मैं नहीं पीता
हाँ वो अंगूर खूब खाता है
फ़र्क इतना है अश्क दोनों में
हम तो पीते हैं वो चबाता है

दुनिया कहे बुरी है
दुनिया कहे बुरी है, ये बोतल शराब की
अपनी तो ज़िन्दगी है, ये बोतल शराब की

हमदम अमीर की है, न दुश्मन गरीब की
सबसे निभा रही है, ये बोतल शराब की

ये बेवफ़ा नहीं न ही दिल तोड़ती है ये
महबूब से भली है ये बोतल शराब की

मानता हूँ जनाब पीता हूँ, ठीक है बेहिसाब पीता हूँ
लोग लोगों का ख़ून पीते हैं
मैं तो फिर भी शराब पीता हूँ

आई जो मौत भी तो, मैं कह दूँगा मौत से
ज़ालिम भरी पड़ी है, ये बोतल शराब की

(गायक : भूपेन्द्र सिंह)

ग़म के आँसू तुम्हारे पी लूँ मैं

ग़म के आँसू तुम्हारे पी लूँ मैं
तुम ज़रा सा हँसो तो जी लूँ मैं

तल्ख यादें मिटा दो अच्छा है
ज़ख़्म दिल के भुला दो अच्छा है
कोई ग़म हो ख़ुशी का दुश्मन है
ग़म है क़ातिल सभी का दुश्मन है

धूप होगी ग़मों की मंज़िल में
आओ तुम को छुपा लूँ इस दिल में

क्यूँ परेशान हो ग़म की महफ़िल में
आओ तुम को छुपा लूँ इस दिल में
तुमको कैसे देखूँ मैं मुश्किल में
आओ तुम को छुपा लूँ इस दिल में

प्यार ढूँढो न यूँ ही क़ातिल में
आओ तुम को छुपा लूँ इस दिल में

तेरी आँखों का दीवाना तोड़ आया है पैमाना

तेरी आँखों का दीवाना
तोड़ आया है पैमाना
तेरे घर का पता पाकर
छोड़ आया है मयखाना

क्यूँ न ख़ुद पर वो इतराये
जिसके ख़्वाबों में तू आये
इक फ़रिश्ता तो क्या ज़ालिम
गर ख़ुदा भी वो बन जाये
तेरे कदमों पे रख देगा
चाँद सितारों का नज़राना
तेरी आँखों का दीवाना

हुस्न पे अपने शरमाए
और आँचल को लहराए
ज़ुल्फ़ कांधों पर बिखरा कर
तू कभी जो इधर आए
बन के जन्नत महक उठे
हम फ़कीरों का वीराना
तेरी आँखों का दीवाना

जिसकी नज़रों में सब तू है
ज़िन्दगी का सबब तू है

नाम तेरा जो लेता है
जिसकी दुनिया का रब तू है
क्या सितम है कि महफ़िल में
तूने उसको न पहचाना
तेरी आँखों का दीवाना

खूबसूरत हो मगर प्यार भी सीखा होता

खूबसूरत हो मगर प्यार भी सीखा होता
कोई खुशबू न हो फूलों में तो रंगत क्या है
साज़ झनकार से खाली हो तो क़ीमत क्या है
काश सूरत का कोई दिल से भी रिश्ता होता

शोख नज़रों के लपकने की अदा कुछ भी नहीं
सिर्फ़ बिजली हो घटा में तो घटा कुछ भी नहीं
काश आँखों में कोई गीत वफ़ा का होता

बेरुखी हुस्न ने सीखी भी तो क्या सीखी है
शोखियाँ हुस्न को बख्शी भी तो क्या बख्शी हैं
हुस्न को दर्द-ए-मोहब्बत से नवाज़ा होता

दोस्ती कुछ भी नहीं और वफ़ा कुछ भी नहीं

दोस्ती कुछ भी नहीं और वफ़ा कुछ भी नहीं
प्यार भी अपने ही मतलब के सिवा कुछ भी नहीं

हमने चाहा भी मगर ज़ख़्म-ए-जिगर सिल न सके
फूल ख़ुशियों के मोहब्बत में कभी खिल न सके
बस यही अपनी ख़ता है कि ख़ता कुछ भी नहीं

अब ये मालूम हुआ है कि हक़ीक़त क्या है
जिसको कहते हैं मोहब्बत वो मोहब्बत क्या है
अब जहाँ मैं हूँ अपनों से गिला कुछ भी नहीं

ये उजाला ये सहर एक हसीं धोखा है
ये सितारे ये गगन और ज़मीं धोखा है
ये भी एहसास हुआ है कि ख़ुदा कुछ भी नहीं

अच्छी दे या खराब दे साकी हम हैं प्यासे

अच्छी दे या खराब दे साकी
हम हैं प्यासे शराब दे साकी

जिसमें लिखा हो मय हराम नहीं
कोई ऐसी किताब दे साकी
ग़मज़दों को शराब दे साकी

हम हैं दीवाने हम शराबी हैं
तू जो चाहे खिताब दे साकी
हम किसी की जफ़ा के मारे हैं
तू वफ़ा कर शराब दे साकी

अपने माथे की चाँदनी दे कर
फिर लबों के गुलाब दे साकी
सब फ़रिश्ते तेरा पता पूछें
वो शराब-ए-शबाब दे साकी

उम्र भर ज़हर ग़म का पीते रहे
क्या पीयें अब जवाब दे साकी
मर न जायें शराब दे साकी
अच्छी दे या खराब दे साकी

लहर लहर को साहिल कर दो

लहर लहर को साहिल कर दो
डगर डगर को मंज़िल कर दो
इस दुनिया को ऐ इन्सानो
अब जीने के काबिल कर दो

धरती के इस गाँव में
अम्बर की इस छाँव में
छोड़ के चिन्ता फल की हम
कर्म जो अपना कर जायें
जाने कितनी सदियों के
खाली दामन भर जायें

जीवन बगिया पर कोई
ऐसा मौसम छाये
सपनों को छू लें हम
और खुशबू हाथ में आये

मेरी तकदीर में चुपके से जो आ जाये तू आज

मेरी तकदीर में चुपके से जो आ जाये तू आज
मैं भुला दूँ सभी रस्में ये ज़माना ये समाज

मेरी धड़कन मेरी साँसों में है चाहत तेरी
दे रही है तुझे आवाज़ मोहब्बत मेरी
अब नहीं तेरे सिवा कुछ भी मेरे दिल का इलाज

दिल के ज़ख़्मों में मेरे झाँक के देखा क्या है
मेरी हमरक्स मेरे बारे में सोचा क्या है
तेरी आँखों से न समझा मैं तेरे दिल का मिज़ाज

तेरे ही नाम मेरे दोस्त मोहब्बत कर दी
मैंने दुनिया के खिलाफ़ आज बगावत कर दी
मेरी नज़रों में नहीं कुछ भी ज़माने के रिवाज

मुझे दुनिया सलाम करती

मुझे दुनिया सलाम करती
मैं जो तेरी नकाब होता
मुझे शायर ख़ुदा समझते
काश तेरा शबाब होता

जिसे होंठों से चूमती हो
जिसे नज़रों से पूजती हो
ला के रखती हो फूल जिसमें
काश मैं वो किताब होता

मखमली बिस्तरों पे सो कर
नींद की वादियों में खो कर
देखना चाहती हो जिसको
काश मैं ही वो ख़्वाब होता

काश मैं जाम को तरसता
बन के मैखाना तू बरसता
फिर न मेरा जवाब होता
और न तेरा जवाब होता

इश्क़ है क्या ये राज़ सुनो तुम

इश्क़ है क्या ये राज़ सुनो तुम
इक बुलबुल की बात सुनो तुम
दिल में काँटा आप चुभो के
और किसी के इश्क़ में खो के
उस बुलबुल ने गीत वो गाया
बाग में सबका दिल भर आया
गीत में उसके दर्द छुपा था
दर्द में उसके इश्क़ बसा था
जिस्म से रिश्ता तोड़ गया वो
गीत अमर इक छोड़ गया वो

तुम न आये तो आ गये आँसू

तुम न आये तो आ गये आँसू
मेरी साँसों पे छा गये आँसू

अपनी चाहत का जिसको दावा है
इक हसीं ख़्वाब है ये धोखा है
ये हक़ीक़त बता गये आँसू
तुम न आये तो आ गये आँसू

प्यार इक आग की कहानी है
जिसके शोलों में ये जवानी है
दास्तान ये सुना गये आँसू
तुम न आये तो आ गये आँसू

हम को हँसना था काली रातों पर
मुस्कराना था ग़म की घातों पर
हम को हँसा कर रुला गये आँसू
तुम न आये तो आ गये आँसू

मेरी ज़िन्दगी की ज़रूरत तुम्हीं हो

मेरी ज़िन्दगी की ज़रूरत तुम्हीं हो
मेरा प्यार तुम हो मोहब्बत तुम्हीं हो

मेरा तुमसे रिश्ता है इतना पुराना
ये जन्मों का बंधन है जितना पुराना

अगर तुम हो मंदिर तो मैं एक ज्योति
तुम्हारे लिए है वफ़ा के ये मोती
ये दुनिया है सपना हक़ीक़त तुम्हीं हो
मेरी ज़िन्दगी की ज़रूरत तुम्हीं हो

तुम्हीं मेरी साँसों में, ख़्वाबों में तुम हो
मेरी चाहतों की किताबों में तुम हो

ख़यालों में तुम से वफ़ा मैंने की है
अकेले में तुम को सदा मैंने दी है
तुम्हीं मेरी पूजा इबादत तुम्हीं हो
मेरी ज़िन्दगी की ज़रूरत तुम्हीं हो

मेरी चाहतों की किताबों में तुम हो
मेरा प्यार तुम हो मोहब्बत तुम्हीं हो

जिस फूल को तुम ठुकराओगे वो काँटा बनकर आयेगा

जिस फूल को तुम ठुकराओगे वो काँटा बनकर आयेगा
पत्थर को लगा लो सीने से वो गीत वफ़ा के गायेगा

इंसान को दुनिया पूजे तो भगवान से इंसां क्या कम है
नफ़रत से अगर ये दब जाये शैतान से इंसां क्या कम है
नफ़रत से जिसे तुम देखोगे वो नफ़रत ही लौटायेगा
पत्थर को लगा लो सीने से वो गीत वफ़ा के गायेगा

कुछ ज़हर से और कुछ अमृत से हम लोगों के दिल बनते हैं
हम लोग फ़रिश्ते भी हैं मगर हम लोग ही क़ातिल बनते हैं
मिट्टी का पुतला है इंसां जो चाहोगे बन जायेगा
पत्थर को लगा लो सीने से वो गीत वफ़ा के गायेगा

इक बार जिसे तुम अपना लो छोड़ो न कभी ऐ दिल वालो
हर सीने में नाजुक दिल है तोड़ो न कभी ऐ दिल वालो
दुश्मन को भी अपनाकर देखो वो ख़ुद से शरमा जायेगा
पत्थर को लगा लो सीने से वो गीत वफ़ा के गायेगा

एक प्यारा सा गाँव, जिसमें पीपल की छाँव

एक प्यारा सा गाँव, जिसमें पीपल की छाँव
छाँव में आशियाँ था, एक छोटा मकाँ था
छोड़ कर गाँव को, उस घनी छाँव को
शहर के हो गए हैं, भीड़ में खो गये हैं
वो नदी का किनारा, जिस पर बचपन गुज़ारा
वो लड़कपन दीवाना, रोज़ पनघट पर जाना
क्या वो थी जवानी, बन गए हम कहानी
छोड़ कर गाँव...
एक प्यारा सा गाँव...
इतने गहरे थे रिश्ते, लोग थे या फ़रिश्ते
एक टुकड़ा ज़मीन थी, अपनी जन्नत वहीं थी
हाय ये बदनसीबी, नाम जिसका गरीबी
छोड़ कर गाँव को...
एक प्यारा सा गाँव...
ये तो परदेस ठहरा, देश फिर देश ठहरा
हादसों की थी बस्ती, कोई मेला न मस्ती
क्या यहाँ ज़िन्दगी है हर कोई अजनबी है
छोड़ कर गाँव को...
एक प्यारा सा गाँव...

(गायक : राजेन्द्र मेहता और नीना मेहता)

---

*राजेन्द्र मेहता और नीना मेहता द्वारा गायी यह नज़्म फ़ाकिर साहब की जवानी के
दिन जो गाँव में गुज़ारे थे, को दर्शाती है।*

हे राम

हे राम, हे राम, हे राम, हे राम
जग में साचो तेरो नाम,
हे राम, हे राम

तू ही माता, तू ही पिता है।
तू ही तो है राधा का श्याम
हे राम, हे राम

तू अंतर्यामी, सबका स्वामी
तेरे चरणों में चारों धाम
हे राम, हे राम

तू ही बिगाड़े, तू ही संवारे।
इस जग के सारे काम।
हे राम, हे राम

तू ही जग दाता, विश्व विधाता।
तू ही सुबह, तू ही शाम॥
हे राम, हे राम, हे राम, हे राम...

(गायक : जगजीत सिंह)

हे राम धुन जिसे अनुराधा पौडवाल और बाद में जगजीत सिंह ने गाया .फ़ाकिर साहब का इकलौता भक्ति गीत है।

हम सब भारतीय हैं

हम सब भारतीय हैं, हम सब भारतीय हैं।
अपनी मंज़िल एक है, हा हा हा एक है, हो हो हो एक है।
हम सब भारतीय हैं।

कश्मीर की धरती रानी है, सरताज हिमालय है,
सदियों से हमने इस को अपने खून से पाला है।
देश की रक्षा की खातिर हम शमशीर उठा लेंगे,
हम शमशीर उठा लेंगे।

बिखरे-बिखरे तारे हैं हम, लेकिन झिलमिल एक है,
हा हा हा एक है, हो हो हो एक है,
हम सब भारतीय हैं।

मंदिर, गुरुद्वारे भी हैं यहाँ, और मस्जिद भी है यहाँ,
गिरिजा का है घड़ियाल कहीं मुल्ला की कहीं है अजान
एक ही अपना राम है, एक ही अल्लाह ताला है,
एक ही अल्लाह ताला है।

रंग बिरंगे दीपक हैं हम, लेकिन जगमग एक है,
हा हा हा एक है, हो हो हो एक है।
हम सब भारतीय हैं, हम सब भारतीय हैं।

फ़ाकिर साहब द्वारा लिखा यह गीत एनसीसी का राष्ट्रीय गीत है।

शे'र

इस दुनिया में हम जैसा भी क्या कोई दीवाना होगा
अपनी कश्ती आप डुबो के साहिल पर जो रोता होगा

❖

जितनी वफ़ा से आज जहाँ में ग़म मिलते हैं
उतनी वफ़ा से दोस्त भी अक्सर कम मिलते हैं

❖

तुझसे रिश्ता मैं तोड़ लूँ लेकिन, ज़ेहन में एक सवाल आता है
जैसे भी हो सका मैं जी लूँगा, मुझको तेरा ख़याल आता है

❖

हादसों ने कभी हालात ने जीने ना दिया
ज़िन्दगी तेरी इनायात ने जीने ना दिगा

❖

ये तो सदियों की इबादत का सिला होता है
सब की क़िस्मत में कहाँ इश्क़ लिखा होता है

❖

किसी मक़्तल से ना मरघट से न वीराने से
वक़्त की लाश बरामद हुई मैख़ाने से

❖

ज़ख्मों के गुल खिला गई बरसात-ए-ज़िन्दगी
क्या पूछते हो तुम मेरे हालात-ए-ज़िन्दगी

❖

मैंने लिखा है जिन्हें ख़ून-ए-जिगर से ऐ दोस्त
ये वो नग़मात हसीं हैं तेरे साज़ों के लिए

❖

मजनू हमें कहते हैं तो कुछ सोच के कहना
हम एहले-ए-जुनूं तुम को भी लैला ना बना दें

❖

दिल से फ़लक है दिल से ज़मीं है
दिल जो नहीं है कुछ भी नहीं है

❖

दिल की रंगत कोई न जाने रंग हज़ारों दिखलाता है
मोम से नाज़ुक है दिल लेकिन पत्थर भी बन जाता है

❖

मुंसिफ़ कहाँ कोई होगा
ये मक़्तल सी सारी ज़मीं है

❖

मेरी आवारा-मिजाज़ी दिल को तड़पाने लगी
ये तबीयत चारदीवारी से घबराने लगी

❖

चल पड़ा अनजानी मंज़िल की तरफ़ मैं दोस्तो
जब गिली गंज़िल तो गुझको घर की याद आने लगी

❖

आसमां के सितम को भी करम जो ना समझे
दस्त-ए-कुदरत उसे शहकार बना देता है

❖

वो जो हर ज़ख़्म को इक जाम समझकर पी ले
वक़्त उस शख़्स को फ़नकार बना देता है

मैंने माँगा ही नहीं कुछ भी मोहब्बत के सिवा
कुछ नहीं इसका सिला दर्द की दौलत के सिवा

मेरी नज़रों में नहीं कुछ भी ज़माने के रिवाज
मेरी तक़दीर में क्या है मुझे बतला दे आज

❖

इस ज़िन्दगी के शहर में रिश्ते हैं धुंध के मकां
जो रंजिशों की धूप से हो जाते हैं धुआँ धुआँ

❖

लिपट कर अपने माज़ी से ना यूँ खुद को सज़ा दें हम
मोहब्बत का तक़ाज़ा है मोहब्बत ही भुला दें हम

❖

अब ना यूँ जुर्म-ए-मोहब्बत की सज़ा दो हमको
तल्ख़ यादों की तरह दिल से भुला दो हमको

❖

अगर ग़म के फसाने में तुम्हारा नाम आता है
मेरी चाहत पे ए जान-ए-वफ़ा इल्ज़ाम आता है

❖

नसीबों में होती न कोई खुशी
बस अश्कों का दामन ही भर जाते हैं
न होती यहाँ दोस्ती आशिकी
न लिखता कोई दास्तां इश्क की

❖

नज़र आते हैं यहाँ मौत के सामां
ले के आया है कहाँ ये दिल-ए-नादां
मेरी तक़दीर मुझे आज कहाँ लायी है
मैं तमाशा हूँ जहाँ सारा तमाशाई है

❖

दर्द ने ज़िन्दगी को पाला है
दिल में उम्मीद का उजाला है
ज़िन्दगी ग़म में डूब ही जाती
इसको उम्मीद ने सँभाला है

❖

अपनी तक़मील की खातिर सब लोग
अपने अन्दाज़ में जी लेते हैं
वक़्त पड़ने पे बढ़ा लेते हैं ज़ख़्म
दर्द बढ़ जाये तो सी लेते हैं
खुदकुशी करते हैं अहसां के लिए
जीने को ज़हर भी पी लेते हैं

❖

हर इक मोड़ पर पहले काँटे मिलेंगे
इन्हीं काँटों से ज़ख़्म दिल के सिलेंगे
यहाँ ग़म भी होंगे ख़ुशी ही नहीं है
ये जीवन है फूलों की वादी नहीं है

❖

इक भिखारिन से ये पूछा किसी रक्कासा ने
ज़िन्दगी हमने जो पायी है वो आख़िर क्या है
तब भिखारिन ने कहा—जाओ के बस रक़्स करो
ज़िन्दगी क्या है—अरी तुमने ये क्या पूछा
इस को नज़दीक से देखो तो भिखारिन सी लगे
और अगर दूर से देखो तो यह रक्कासा है

इस ज़ख़्म का मरहम चाहा था
और जख्मे तग़ाफुल पाया है
ये जख्मे तग़ाफुल तारी है
वो सिल भी चुके ये सी न सके।

□□□

9 789389 373097